自治体〈危機〉叢書

震災復旧・復興と「国の壁」

神谷　秀之

公人の友社

はじめに

日本の政治・行政の仕組みは危機管理に適さないのではないか――。１９９５年1月17日に発生した阪神大震災を取材して以降、２０１１年3月11日の東日本大震災も含め、大災害の行政対応を見るたびに、こうした思いを強くします。大災害が発生すると、決まったように「いちいち国にお伺いをたてて了承を得ないと何にもできない」「被災自治体が復興の主役になれない」「被災地の思いが実現できない」「現場重視と国は言っているのに実際には異なる」「被災地の意向ではなく、国がつくった制度の都合に合わせて復興を進めざるを得ない」「国の政治家や官僚は被災地の苦しみを理解していないのではないか」などという不満が噴出します。被災地では「国の壁」「制度の壁」という言葉が、大災害のたびに飛び交います。そして、「なぜ」「おかしいのではないか」と問わずにいられないことばかりが発生します。復興を目指す被災自治体の仕事の大半は、「国の壁」を克服するための作業だと言っても過言ではありません。

復興を阻んでいるのは何なのでしょうか。被災地が復興の主役になれないのはなぜなのでしょうか。その理由を突き詰めると、日本の政治・行政の仕組みがあまりにも官僚主導の中央集権体制（官治・集権システム）だからだ、と確信するようになりました。

明治以来の官治・集権システムに切り込まない限り、仮に明日どこかで大災害が起こったとしても、東日本大震災や阪神大震災などと同じような課題が浮上し、またも被災者対応が遅れるという行政の失態が繰り返されるでしょう。今のままなら、大災害にとても対応できません。現場が主役になる仕組み、つまり現場起点の地方分権体制（自治・分権システム）が必要になっています。

本書の構成は次の通りです。第1章では、被災自治体首長の声をはじめ、現場が主役になれない日本の政治・行政の仕組みを指摘。第2章では、被災地を苦しめる「国の壁」の典型例として現物給付主義を紹介。第3章では、「国の壁」に風穴を開けた歴史を解説。第4章では、危機に弱い日本の構造を説明。第5章では、自ら考え行動する主体性を育む必要性を訴えました。

目 次

第１章　危機管理は可能か

＝被災地が復興の主役になれないのは、なぜ？＝

「復興の主役は被災地である」――。この言葉は、東日本大震災の時も阪神大震災の時も、大災害が発生するたびに繰り返し強調されました。しかし実態は異なり、被災地は復興の主役にはなれませんでした。何をするのにも、財源と権限を握る国の意向に従わざるを得ませんでした。大災害時であっても、「国が現場をコントロールする」という仕組みは変わらず、被災自治体は国への陳情に励みました。そうしなければ、たとえ被災現場が本当に必要としていることであっても、被災自治体は実行できないのです。復興にはスピード感が必要なのに、現場が即断即決できることは皆無に近い状況でした。

日本における危機管理の最大の欠陥は、被災現場が災害救助や復旧・復興の主役になれないことに尽きると思います。被災地が望むのは、復興のための具体策を自らの意思で決めることです。現場から遠く、現場をよく知らない国に従うことではありません。被災地の思いを実現できるよう、現場が主役になることの必要性は、誰もが認めることです。なのに、実現できません。

1　被災首長の訴え

=もっと現場に権限を、もっと分権を=

最初に、大災害を経験した自治体首長の主な訴えを紹介します（肩書きは当時）。その訴えには、日本の災害対応の問題点が集約されています。被災自治体の首長は一様に、震災対応や復興が的確・迅速にできない原因を、日本の政治・行政の仕組みにあると指摘します。その仕組みとは、突き詰めると、国・官僚主導の中央集権体制（官治・集権システム）のことです。平時には目立たない官治・集権システムの弊害が、大災害で顕著になり被災地を苦しめる。そんな実情の一端が垣間見えます。

図表1　被災首長の主な訴え

	首長（当時）	主な訴え
阪神大震災	笹山幸俊 神戸市長	●震災発生後2、3日間は、市長が何でもできるような体制にすべき。 ●大規模な都市災害には、現場に身近な市町村長が直接災害に対応する仕組みが必要。 ●防災行政は住民と密着している市町村長に一義的に責任があるが、責任に対応した権限が不十分。災害の状況をいち早く把握できるのは市町村。 ●憲法の生存権の保障規定を具体化していく上で、被災者支援のために現実的に必要な施策と法律とのギャップがある。憲法25条に定めた生存権は国の義務。生活環境の継続性を維持する観点から災害救助法を運用する必要がある。
	貝原俊民 兵庫県知事	●責任者の一人として震災対策にあたった私は、その経験の中から分権体制こそが最終的に危機を克服するものであると確信している。 ●特に大規模自然災害にあって、過度に政府の力を期待することは自助努力を怠ることとなり、かえって被害を拡大する恐れすらある。 ●成熟した社会では、その構成員があらゆる点で相当の底力をもっているのであるから、それを被災時においても主体的に活用することが、強靭な柔構造の災害対応力につながるのである。このことは、危機管理にあっても住民主体の分権体制が有効であることを意味している。

鳥取県西部地震	片山善博 鳥取県知事	●通常は、国の方で用意したメニューがあるから、そのメニューの中から利用できる制度を実施していくことになる。しかし、鳥取県西部地震の被災現場に行ってみると、一番大事なことが、国の用意しているメニューに欠落していた。それが住宅再建の支援制度だった。これが一番の基本だと思った。国のメニューが用意されていないのなら、県としてやらないといけない。現場で職員と相談して決めた。（住宅再建支援制度を県独自で創設した理由） ●今までいけないのは、国が、全国一律で、細かいところまでマニュアルで決めて、補助要綱に従ったものだけを採択していたこと。それにぴったり合うものなんてほとんどない。みんな「帯に短したすきに長し」だ。だけど、国の制度に合わしてしまう。 ●今までのやり方はもう駄目。立ち往生する。外交、国防、マクロの経済政策などは国がしっかりしないといけないが、農政、地域づくり、都市計画などは、国は現場から縁遠いので、自治体に任すべきだ。国は力を入れないといけない分野に特化し、地域に任せばいいことから手を引くべきだ。これからは、地域の特質にあった政策を自治体が実践し、それを国が後押しする仕組みがいい。
中越地震	泉田裕彦 新潟県知事	●災害時には、中央集権の問題点が特に顕在化する。 ●復旧方法を事前に定め「全国一律」という枠組みにはめるのは無理。 ●国は被害総額に応じて資金提供し、復旧作業や生活再建の方法は、被災者の実情を一番よく知る地元自治体の裁量に任せた方がいい。

東日本大震災	
村井嘉浩 宮城県知事	戸羽太 陸前高田市長 （岩手県）
●問題は政府の対応ではなく国の制度にある。 ●首相・閣僚や官僚は、被災地の声を真摯に聞き、懸命に対策を検討し、法案化や財源確保に努力してくれている。それなのに国の対応が遅いのは、政府の怠慢のせいではない。極めて大きな権限と財源を国が持っているため、中央政府の負担があまりにも大きすぎて機敏に対応できない。 ●東日本大震災を経験して、地方には十分な権限も財源も備わっていないことを改めて痛感した。また、国も他の業務を数多く抱え、復旧・復興に多くのエネルギーを注ぐことができなかったのではないかと思っている。 ●日本が中央集権体制ではなく、地方分権型の道州制であって、「地方の権限強化」と「中央政府の負担軽減」が実現していれば、国と地方の双方が全力で被災地へ力を振り向けられたのではないかと強く感じている。	●日本に「非常事態宣言」の制度を創設し、国の権限を都道府県に、都道府県の権限を市町村に時限的におろすという制度が絶対に必要だ。 ●計画の認可など手続きに時間がかかる。縦割り行政のよく分からないルールが復興を遅らせている。例えば、被災直後に経済産業省からガソリンの供給を受け、自衛隊の手を借りて市民に支給しようとした際、「経産省のガソリンを自衛隊に支給させるな」と止められた。 ●被災地復興でもっとも大きな問題は、日本の仕組み自体にあるといってもよい。（復興を進める際）多くの障壁がそれを阻んでくる。この障壁は、人間が設けた障壁、つまり法律や規制などである。陸前高田市は、これらの障壁によって苦しめられてきた。 ●国が当初「半年かかる」と言っていた手続きが、たった2週間で終わってしまう結果となった。恐らく、平時の仕組みで申請すると、その案件の処理に半年かかるのであろう。しかし平時ではなく、有事である。もう少し頑張ってくれてもよいのではないか。

菅原茂 気仙沼市長 （宮城県）	●復興は本来、街のグランドデザインを描き、使える復興予算を自治体が自由に貼り付け、地域特色を活かし住民にとって夢のあるまちづくりをするものだ。 ●今回、自治体への大胆な予算と権限の移譲は行われなかった。自治体は、国の制度を駆使してできることをやることになり、制度に合わせて復興を進めることになった。理想とはあべこべの状態が続いている。 ●自治体の担当者は、最低限やらなければならない事業を国の補助事業として認めてもらうために、ひたすら心血を注ぎ疲弊することとなった。 ●防災集団移転促進事業、がけ地近接等危険住宅移転促進事業などの既存制度で、国の補助率や事業運用を変更して対応した。変更に、国と被災自治体が費やした折衝の時間や被災者の不安の大きさは計り知れず、限界を露呈した。被災の実態に合わせた制度の創設が必要だ。 ●「税金は個人の資産形成には使えない」という国の原則があるため、個人の住宅再建にはささやかな支援しかできず、自立が進まない。
佐藤仁 南三陸町長 （宮城県）	●災害の実態と制度が合わないことが多々ある。 　例えば、区画整理事業で、指定されればメニューがあるからできるが、他は自分たちでやらないといけない。 ●自治体ごとに被害は全く違うのだから、制度の柔軟運用か、特区扱いにしてもらいたい。霞が関目線でなく、実態に合わせ対応してほしい。
桜井勝延 南相馬市長 （福島県）	●自治体に権限が欲しい。 ●発生直後は、職員も市民も避難をしたくてたまらない状況にあって、「国から連絡がない、県は指示を出さない。われわれの判断だけでやらなければならなかった」という状況だった。 ●復興段階になっても、国や県にお願いし頭を下げることばかり。なぜ被災地が永田町や霞が関を回って頭を下げなければいけないのか。「あなた方の思うままに復興しろ」という権限は、被災自治体には与えられない。

（１）阪神大震災（１９９５年１月発生）

◎現場の市町村長にもっと権限を　＝笹山幸俊・神戸市長（故人）＝

笹山幸俊神戸市長は、阪神大震災を経験した後、災害救助や復旧・復興に対する日本の仕組みは非常に問題だと痛感し、「震災発生後２、３日間は、市長が何でもできるような体制にすべきだ」と主張しました。日本では、災害対応に責任を持つのが国なのか、都道府県なのか、市町村なのかよく分からず、市町村が責任者だとしても、責任をとれる体制になっていないのです。

２００１年６月に神戸市で開かれた衆議院憲法調査会の地方公聴会で、笹山氏は「大規模な都市災害には、現場に身近な市町村長が直接災害に対応する仕組みが必要だ」と訴えました。そして、「防災行政は住民と密着している市町村長に一義的に責任があるが、責任に対応した権限が不十分だ」「災害の状況をいち早く把握できるのは市町村だ」などと、現場の市町村長が災害対応を指揮できるように権限付与を要請しました。例えば、啓開道路を確保するための権限などを求めました。

さらに、現行の仕組みの問題として「憲法の生存権の保障規定を具体化していく上で、被災者支援のために現実的に必要な施策と法律とのギャップがある」などと強調。憲法の規定を具体化するための対策を実施しようとしているのに、法律が逆にそれを妨げているのではないか、と問題提起しました。一例として、公共用地以外の個人の敷地に仮設住宅を建てられない問題点を指摘。仮に個人の敷地に建てられるようになれば▽用地の少ない都市でも建設可能地域が増える▽被災者が現地を離れなくてすみコミュニティーが維持できる――などのメリットがあるため、笹山氏は「憲法25条に定めた生存権は国の義務。（個人の敷地への仮設住宅建設は）それに対応できる1つの方策だ。生活環境の継続性を維持する観点から災害救助法を運用する必要がある」などと訴えました。

◎分権体制こそが危機克服の決め手　＝貝原俊民・兵庫県知事＝

貝原俊民兵庫県知事は、著書「暮らしの中から分権を」（兵庫ジャーナル社、1997年）の中で、阪神大震災の経験を踏まえ「災害時の危機管理といえば、すぐ責任者に権限を集中し、強力なリーダーシップを発揮させることを考えがちです。（略）欧米の防災体制を見ても、決して集権的構造ではありません。大規模な救援部隊にのみ依存することは被害を大きくしかねません。地域や民間の防災力を高め、多重的で柔軟な対応ができる分権型の防災体制と、それをバックアップする対策を充実すべきです。危機管理対策についても、自主防災を含めて分権構造をとることが、結果的には、強じんな体制づくりにつながるのではないでしょうか」（44ページ）と指摘しています。

別の著書「兵庫県知事の阪神・淡路大震災―15年の記録」（丸善、２００９年）では、「責任者の一人として震災対策にあたった私は、その経験の中から分権体制こそが最終的に危機を克服するものであると確信している。（略）特に大規模自然災害にあって、過度に政府の力を期待することは自助努力を怠ることとなり、かえって被害を拡大する恐れすらある。（略）成熟した社会では、その構成員があらゆる点で相当の底力をもっているのであるから、それを被災時においても主体的に活用することが、強靭な柔構造の災害対応力につながるのである。このことは、危機管理にあっても住民主体の分権体制が有効であることを意味している」（6～7ページ）と語っています。

（2）鳥取県西部地震（２０００年10月発生）

◎国のメニューでは対応できない　＝片山善博・鳥取県知事＝

鳥取県西部地震後の２００２年11月にインタビューした際、片山善博鳥取県知事は次のように述べました。鳥取県西部地震の対策として住宅再建支援制度を独自創設した理由について、片山氏は「通常は、国の方で用意したメニューがあるから、そのメニューの中から利用できる制度、当てはまる制度を実施していくことになる。しかし、私が（鳥取県西部地震の被災）現場に行ってみると、一番大事なことが、従来国が用意しているメニューに欠落している。それが住宅再建の支援制度だ。これが一番の基本だと思ったから、現場で是非これはしないといけないと考えた。国の方でそういうメニューが用意されていないのなら、県としてやらないといけない。現場で職員と相談して決めた」と話しました。

現場と国の制度・メニューとのズレについては「今までいけないのは、国が、全国一律で、細かいところまでマニュアルで決めて、補助要綱に従ったものだけを採択していたこと」と指摘。「それにぴったり合うものなんてほとんどない。みんな『帯に短したすきに長し』だ。だけど今まで、国の制度に合わしてしまう」と分析しました。現場の必要性が実現できず、逆に現場をむりやり制度に合わせさせてしまう現行システムは問題で、片山氏は「今までのやり方はもう駄目。立ち往生する」と強調。新しいシステムとしては「外交、国防、マクロの経済政策などは国がしっかりしないといけないが、農政、地域づくり、都市計画などは、国は現場から縁遠いので、自治体に任すべきだ。国は力を入れないといけない分野に特化し、地域に任せばいいことから手を引くべきだ。これからは、地域の特質にあった政策を自治体が実践し、それを国が後押しする仕組みがいい」と訴えました。

（3）新潟県中越地震（2004年10月発生）

◎復興支援策、地元の裁量に任せて　＝泉田裕彦・新潟県知事＝

新潟県の泉田裕彦知事は、中越地震から1年を振り返り、復興支援策を地元の裁量で展開できる仕組みの構築を訴えました。2005年10月22日の朝日新聞で泉田氏は、都市型、中山間地型など自然災害は毎回異なるとして「復旧方法を事前に定め『全国一律』という枠組みにはめようとするには、最初から無理があると思う」と指摘。壊れたものを元に戻す「原形復旧」を原則として国が査定するという仕組みも、中越地震では適切でなかったとしています。

その上で、「国は被害総額に応じて資金提供し、復旧作業や生活再建の方法は、被災者の実情を一番よく知る地元自治体の裁量に任せるというのが、最も効率的な復興策ではないかと思う」と主張しています。

一方で、日本の国は、スマトラ沖地震では援助国に対して政情不安定であっても使途を縛らずに資金を援助するのに、有権者が選んだ首長や議会のある日本の自治体に対しては資金の使い道を細かく規定する、と国の対応に疑問を投げかけました。そして、中越地震では、国の制度の適用を受けるために証明書を求める被災者で窓口は大混雑し、自治体職員は国庫補助の書類づくりに追われる、ということが見られたと紹介しています。

そして、「災害時には、中央集権の問題点がとくに顕在化すると感じた」と強調。「地域に即した効果的な復旧が行える制度を構築しておくべきである」と結んでいます。

（4）東日本大震災（２０１１年3月発生）

◎政府の対応ではなく制度が問題　＝村井嘉浩・宮城県知事＝

宮城県の村井嘉浩知事は、著書「復興に命をかける」（ＰＨＰ研究所、２０１２年3月）の中で、「問題は政府の対応ではなく国の制度にある」としています。その中で村井知事は、首相・閣僚や官僚は、被災地の声を真摯に聞き、懸命に対策を検討し、法案化や財源確保に努力してくれている、と評価。それなのに国の対応が遅いのは、政府の怠慢ではなく、「極めて大きな権限と財源を国が持っているために、中央政府の負担があまりにも大きすぎて機敏に対応できないのです」と分析しています（１７６ページ）。

また、東日本大震災で得られた教訓から、現行の中央集権体制の問題点を指摘し、地方分権の必要性を、次のように力説しています。「東日本大震災を経験して、地方には十分な権限も財源も備わっていないことを改めて痛感した。また、国も他の業務を数多く抱え、復旧・復興に多くのエネルギーを注ぐことができなかったのではないかと思っている。日本が中央集権体制ではなく、地方分権型の道州制であって、『地方の権限強化』と『中央政府の負担軽減』が実現していれば、国と地方の双方が全力で被災地へ力を振り向けられたのではないかと強く感じている」（２０１３年７月16日、時事通信社「ｉＪＡＭＰ」オピニオン）。

◎非常時には市町村に権限を　＝戸羽太・岩手県陸前高田市長＝

岩手県陸前高田市の戸羽太市長は２０１３年１月、東京都内で講演し、「計画の認可など手続きに時間がかかる。縦割り行政のよく分からないルールが復興を遅らせている」と指摘しました。例えば、被災直後に経済産業省からガソリンの供給を受け、自衛隊の手を借りて市民に支給しようとした際、「経産省のガソリンを自衛隊に支給させるな」と止められたことを明かしました。

また、戸羽氏は、「東日本大震災　復興まちづくり最前線」（学芸出版社、２０１３年３月）の中で、「被災地復興でもっとも大きな問題は、日本の仕組み自体にあるといってもよい。極端にいえば、復興に関しては、目指す山、ゴールは一つなのである。しかし山を登ろうとしたときには、多くの障壁がそれを阻んでくる。この障壁は、人間が設けた障壁、つまり法律や規制などである。実に１年５ヶ月もの間、陸前高田市は、これらの障壁によって苦しめられてきた」（３５５ページ）と指摘しています。その実例として、▽入手困難だったガソリンの支援を国に要請したところ、自動車で陸前高田市に応援に来ていた人がいたにもかかわらず、「道の状況が悪くて行けない」と断られた▽自衛隊によるガソリン給油をやめさせるよう電話があった（前述）――ことを挙げています。

山を削って消防署や公営住宅を建てる事業を進める際、林野庁から「その山には我々が補助金を出している。切り開くには手続きが必要だ。6ヶ月待て」と連絡を受け、半年は長すぎると文句を言うと、「では2、3ヶ月だけでいい」との返事。さらに、2、3ヶ月でも長いと言ってみると、「では2週間待て」となりました。「半年かかるはずだった手続きが、何とたった2週間で終わってしまう結果となった。恐らく、平時の仕組みで申請すると、すでに受け付けられた案件が山のようにあって、その一番下に入れられてしまうから、その案件の処理に6ヶ月もかかるのであろう。しかしこれは平時ではなく、有事である。もう少し頑張ってくれてもよいのではないか」（356ページ）と嘆いています。

さらに、戸羽氏は、著書「がんばっぺし！ぺしぺしぺし！」（大和出版、2013年3月）の中で、「私は、日本における『非常事態宣言』の制度を創設し、国の権限を都道府県に、都道府県の権限を市町村に時限的におろすという制度が絶対に必要だと思っています」（122ページ）と主張しています。

◎理想とあべこべ、制度に合わせる復興　＝菅原茂・宮城県気仙沼市長＝

宮城県気仙沼市の菅原茂市長は、「東日本大震災　復興まちづくり最前線」の中で、国の制度を活用して各種復興事業を進めているため、復興には実践面で多くの課題が存在している、と訴えています（341〜347ページ）。

菅原氏は、理想の復興イメージについて「本来、復興にあたっては街のグランドデザインを描き、使える復興予算を自治体がその考えに基づき自由に貼り付け、地域の特色を活かし住民にとって夢のあるまちづくりをするものだと思う。少なくとも、どのように復興したいのかに合わせて復興事業の制度設計がなされるべきである」と指摘。しかし、「今回、自治体への大胆な予算と権限の移譲は行われず、各地の復興計画作成段階では国の支援事業のメニューも出揃っておらず、各自治体とも主なゾーニングと防災対策を計画に盛り込むことが精一杯だったのではないか。その後、様々な事業の詳細が明らかになったものの、自治体としてはその事業制度を駆使してできることをやる『足し算方式』になっており、制度に合わせて復興事業を進めなければならないという、理想とはあべこべの状態が続いている」と、復興まちづくりが国の制度に従属している実態を説明しています。そして、「自治体担当者は最低限やらなければならない事業を国の補助事業としていかに認めてもらうかにひたすら心血を注ぎ疲弊することとなった」という実情を明らかにしています。

また、防災集団移転促進事業、がけ地近接等危険住宅移転促進事業などの既存制度を適用して被災者の住宅再建を進めた結果、前例のない東日本大震災に対応するためには、既存制度の運用（国の補助率など）の変更が必要になったことを紹介。その変更の間「国と被災自治体が費やした折衝の時間や被災者の不安の大きさは計り知れず、流用の限界を露呈した」と解説し、「被災の実態に合わせた制度の創設が必要である」と訴えています。

さらに、「税金は個人の資産形成には使えない」という国の原則があり、個人の住宅再建に対しては被災者生活再建支援金（最大３００万円）というささやかな支援しかできないため、「自立が進まない」と嘆いています。

このほか、国の防潮堤整備と復興まちづくりとの関係について、「復興にはスピードが求められているが、行政主導・スピード第一の課題と少し時間がかかっても住民参加・合意形成が大事なものがある。この時間軸の違いを国も含め制度面で保証していかないと誰のためのまちづくりか分からなくなってしまう」と指摘しています。

◎霞か関目線でなく被災地の実態に合わせて　＝佐藤仁・宮城県南三陸町長＝

宮城県南三陸町の佐藤仁町長は、復興に当たって国や県への要望について「災害の実態と制度が合わないことが多々ある。例えば、区画整理事業で、指定になっていない場所の復興についてだ。指定になっていればメニューがあるからできるが、他は自分たちでやらないといけない。自治体ごとに被害は全く違うのだから、制度を柔軟に運用するか、特区という扱いにしてもらいたい。霞が関目線の対応ではなく、自治体の実態に合わせてほしい」と訴えました。（2013年12月26日、時事通信社「iJAMP」復興は今）

◎自治体に権限が欲しい　＝桜井勝延・福島県南相馬市長＝

福島県南相馬市の桜井勝延市長も、講演などで「自治体に権限が欲しい」などと訴えました。発生直後は、職員も市民も避難をしたくてたまらない状況にあって、「国から連絡がない、県は指示を出さない。われわれの判断だけでやらなければならなかった」という状況でした。復興段階になっても、国や県にお願いし頭を下げることばかりだといいます。なぜ被災地が永田町や霞が関を回って頭を下げなければいけないのか、不可解なことばかりです。「あなた方の思うままに復興しろ」という権限は、被災自治体には与えられません。

（5）繰り返される被災首長の訴え

このように被災自治体の首長は、現場が災害対応や復興の主役になれないもどかしさに苦しんでいます。大災害に遭遇したことによって、日本の政治・行政の仕組みの問題に気づき、自治体の権限・財源が不十分なことを痛感し、全国一律の国のメニューでは災害対応できないことを知ります。被災首長は「国の壁」「制度の壁」を克服するための作業に奔走せざるを得なくなります。その結果、被災首長は「もっと分権を」「現場に任せて」と、地域の底力を生かす分権体制（自治・分権システム）への転換を訴えます。

このような訴えが大災害のたびに繰り返されているのが、日本の現実です。この訴えが実らない限り、これからも大災害が発生するたびに、強固な「国の壁」が被災地を苦しめ続けるでしょう。

2　災害対応の主役は市町村

＝権限も財源も持っていないのに＝

災害対応の責任者は市町村長です。それは災害対策基本法にも明記されています。なのに、肝心の市町村長には、災害に対応できるだけの権限も財源も与えられていません。日本の政治・行政の仕組みは、同法を実現する形にはなっていないのです。

（1）市町村長の決断なしに災害対策はできない

防災の「憲法」である災害対策基本法では、災害の第一対応者は市町村です。災害の規模などによって、市町村では対応できないことを都道府県が補完し、都道府県でも対応できないことを国が補完する仕組みになっています。

◇市町村中心主義の災害対策基本法

いわば災害対策基本法の構造は、現場主導型で市町村中心主義をとっています。だから同法では、災害対策は自治体固有の自治事務（自治体が自らの権能で処理する事務）と規定しています。災害時に住民の生命、身体、財産を守る責務が、自治体にはあるわけです。

こうしたことから同法は、市町村長に対して、さまざまな勧告、指示、命令が出せる権限を与えています。例えば、市町村長は▽避難の勧告・指示▽警戒区域の設定による立ち入りの制限・禁止・退去命令▽住民らに対する応急措置業務への従事命令▽応急措置の実施の支障となる工作物等の除去――などの権限を持ちます。言い換えれば、市町村長が決断しないと災害対策はできないとさえ言っていいほどです。

◇貧弱な市町村長の権限と財源

ところが、この災害対策基本法で定められた市町村長の強力な権限は、必ずしも実際の行動に直接結びつきません。市町村長が決断したくても実際にはできないことが多くあるからです。同法の権限を発揮するために市町村長が自由に使える権限と財源は、極めて貧弱なのです。市町村長の責任だと法律で規定していることでも、実際には責任を果たせるようになっていません。このため、多くの問題が発生します。その典型例が、雲仙普賢岳噴火災害で生まれました。

長崎新聞社編著「復興の教訓　普賢岳からよみがえった10年」（小学館、2001年）によると――。長崎県の雲仙普賢岳噴火災害で1991年6月3日、大火砕流が発生して43人が死亡しました。その直後の6月5日、同県島原市の鐘ヶ江管一市長（当時）は、政府の雲仙岳噴火非常災害対策本部からの意を受けた長崎県知事に、強制力のない「避難勧告地域」を、その区域への立ち入りを禁止して区域外への退去を命じることができる「警戒区域」に強化してほしいと迫られました。大火砕流の被害は避難勧告地域内で起こっており、これ以上犠牲者を出さないために、強制力のある警戒区域に変更することを求めるものでした。

災害対策基本法では、警戒区域を設定するのは市町村長の権限となっています。しかし、市町村長にとっては事実上、実際に住民が生活している地域を警戒区域にするのは不可能に近いことです。なぜなら、同区域から退去させた住民の財産や生活に支障が出ても、それを補償できないからです。自然災害での被害は住民の「自助努力」が大前提となっており、補償する法制度はありません。市町村長は、住民の生活を守る責任があるのですが、住民の損失に対して支援する何の手立ても財源も与えられていません。それなのに、強制退去という権限だけが付与されているのです。こうしたことから、鐘ヶ江市長は当初、警戒区域の設定には否定的でした。住民の損失を国と県が強力に支援することを約束したことによって初めて、警戒区域の設定に踏み切ることができました。

◇道路規制もできない日本の自治体

災害直後の応急対応でも、日本の自治体の権限は極めて不十分です。

阪神大震災の発生直後、笹山幸俊神戸市長（当時）は「啓開道路を確保しろ」と市土木局道路機動隊に命じました。啓開道路とは、災害など非常時に、消防・救急活動などを確実に行うための道路のことです。笹山市長は「レッカー車を先頭にして、道路上の障害物を排除し、公共の車を優先して通すことをしないと、消防や救急活動、警察活動ができない」と述べ、救援部隊のための道を確保する必要があると考えたのです。しかし、啓開道路や救援物資輸送道路の確保は進まず、至るところで大渋滞が発生しました。

大渋滞が発生した大きな原因として、貝原俊民兵庫県知事（当時）は、著書『大地からの警告』（ぎょうせい、２００５年）で、「都道府県公安委員会は一般車両の通行禁止や制限をすることができることとされているが、主要幹線が国道であったため、霞が関の関係官庁との協議に時間を要し、現実に通行規制ができたのは二四時間経った頃となってしまったのである」（87ページ）と説明しています。

阪神大震災後に笹山市長は「こういう権限を（被災自治体の首長に）与えてくれないと困る」と、現場の市長権限の強化を訴えました。「警察は治安維持を中心として、（啓開道路確保や交通規制などの）道路管理は地元の市長に任せたらどうだろうか。そうしないと、大災害には対応できない」と強調しました。

◇米国との決定的な違い

ちなみに、米国では、2001年9月11日の同時多発テロでニューヨーク市が即座に、現場周辺の道路で緊急車両以外の車をシャットアウトしました。州政府や連邦政府との協議に時間を要する必要は全くなかったのです。ロサンゼルス市内で噴火が起き、市街地に溶岩が流れるという設定のパニック映画「ボルケーノ」でも、主役のロサンゼルス市危機管理局長は噴火現場の車の中から無線で道路の閉鎖を命じていました。

こんなことは、官治・集権システム下にある日本の自治体では絶対にできません。現場がやるべきことを即時に実行できる即断即決の仕組みが、危機管理には必要不可欠です。なのに、日本は現場主導の仕組みではないのです。

（２）「中央統制」型の災害救助法とのズレ

現場の市町村長の災害対応を難しくしている一因として、災害救助法が「省庁中心主義」ともいうべき「中央統制」型になっていることが指摘できます。「市町村中心主義」で「現場主導」型の災害対策基本法と対立しているかのようです。

災害救助法は、仮設住宅や避難所、遺体埋葬、食事・物資提供など救助の種類や費用負担を定めた法律であり、災害が発生した場合、被災者を救う最も身近な法律です。なのに、災害現場で実際に被災者の対応に当たる市町村は、自らの判断で同法を運用できません。言い換えれば、同法は、災害対策の主役であるはずの市町村の手足を縛っているのです。この結果、被災現場に混乱を招き、しわ寄せを被災者に回しています。

◇現場に裁量権はない

阪神大震災（１９９５年）当時、災害救助法は都道府県への機関委任事務（中央官庁の地方機関として知事らを位置付けて中央官庁の仕事を自治体に行わせる事務）でした。仮設住宅や避難所などの災害救助関連事業は国の業務で、その実施に当たっては都道府県知事に機関委任されていました。しかも、兵庫県は県規則で、避難所の供与、仮設住宅の供与、食品・飲料水の供給、生活必需品

被災者生活再建支援法	災害弔慰金法	
被災者への支援金支給業務 ・実際に支援金を被災者に渡すのは、市町村の窓口	**実施主体** ・市町村が条例を制定して支給 （市町村が独自財源で、支給対象や支給額を拡大することも可能） 〔負担〕支給額の４分の１	市町村
実施主体 ・全都道府県拠出の基金を原資に、被災者へ支援金を支給	〔負担〕支給額の４分の１	都道府県
支援金の半額を国が負担 ※東日本大震災特例 ・国負担を半額から８割にアップ	〔負担〕支給額の２分の１	国

相互扶助型 **都道府県中心主義**	**現場支援型** **市町村補完主義**	法の構造
自治事務 **（都道府県の自治事務）**	**自治事務** **（市町村の自治事務）**	
・都道府県の相互扶助制度 ・国は支給額の半額補助	・主体の市町村を国等が補完＝財政支援 ・初めての個人への現金支給制度	
被災者個人の生活を元に戻すことなどが目的		
現金（カネ）支給		
・生活再建のための見舞	・死傷被害等に対する慰謝、見舞	
1998 年５月 (施行 1998 年 11 月)	1973 年９月（施行 1974 年１月）	成立
阪神大震災（1995 年１月）	羽越豪雨水害（1967 年８月）	契機

図表２　災害関連法制の構造

	災害対策基本法	災害救助法
市町村	**災害の応急対応の第一次責任** ・警報の伝達 ・避難の勧告や指示 ・警戒区域の設定 同区域立ち入りの制限・禁止・退去命令 ・災害拡大防止のための物件除去等	都道府県を補助 ・実際は災害現場で多くの救助業務を実施
都道府県	市町村の後方支援、調整	**実施主体** ▽被災地への法適用 ・避難所、仮設住宅の供与 ・炊き出しなど食品の給与、飲料水の供給 ・被服や寝具など生活必需品の給与・貸与 ・医療・助産 ・被災者の救出 ・埋葬 ・死体の捜索・処理 ・住居周辺の土石など障害物の除去等
国	自治体の後方支援、調整 （災害現場を直接指揮する立場にない） ＜災害緊急事態宣言＞ ＝自治体で対処できない巨大災害時に布告 （東日本、阪神大震災でも布告なし）	災害救助は国の責任で行う ・法の運用基準は国（厚労省）が定める （運用基準は国が通知等で示す） →国の意向を確認しないと事実上実施主体の都道府県も法運用できない

法の構造	**現場主導型 市町村中心主義**	**中央統制型 省庁中心主義**
	自治事務 （自治体が行う事務は自治事務）	**法定受託事務 （都道府県の法定受託事務）**
	・市町村長の決断なしに災害対応できない ・市町村長の権限・財源は不十分	・災害救助は都道府県知事が実施 ・法運用の権限は事実上、国が握る
	災害対策の”憲法”（一般法）	災害救助の実務を規定（特別法）
		現物（モノ）給付
成立	1961年10月(施行1962年7月)	1947年10月(施行1947年10月)
契機	伊勢湾台風（1959年9月）	昭和南海地震（1946年12月）

（参考）
・自治事務　　　＝自治体が自らの権能で処理する事務
・法定受託事務　＝国が本来果たすべき役割に関係する事務で、自治体が受託する事務
・機関委任事務　＝中央官庁の地方機関として知事らを位置付け、
　　　　　　　　　中央官庁の仕事を自治体に行わせる事務
　　　　　　　　（2000年施行の地方分権一括法で機関委任事務は廃止）

の供与・貸与など、国から機関委任された権限のほとんどを、神戸市など市町に再委任していました。このため、現場の市町は災害救助法の権限を持たないにもかかわらず、被災者対応をしなければならなりませんでした。そして、最終権限を持つ国に対して、些細なことまでお伺いを立てないと被災者対応ができませんでした。神戸市としては「国や県が決めたことを実行するだけ。実際に市民と接している神戸市には、ほとんど決定権がなく、迅速な対応がとれない」という状況でした。被災者救済の中核組織である神戸市民生局の喜旦元和局長（当時、故人）は「現場の要望・意見はなかなか（霞が関に）上がらないのに、お上（霞が関）からの通達（指令）はすぐ来る」と、現場の意思が実現できない「上意下達」の仕組みを嘆きました。

機関委任事務制度が２０００年に廃止され、災害救助法は、法定受託事務（国が本来果たすべき役割に関係する事務で、自治体が受託する事務）となりました。災害救助法による救助は、法定受託事務として都道府県知事が行う仕組みです。

しかし、災害救助法は今も、機関委任事務の「中央統制」型運用を色濃く残しているのが実情です。法律上は知事が主体ですが、災害救助法は33条しかない極めて簡素な法律であるため、国（厚生労働省）の通知が実際の運用基準となっています。このため、国との協議が必要となり、知事が自由に裁量できるわけではありません。

例えば、東日本大震災では、被災者が自ら借りた賃貸住宅物件もみなし仮設住宅と位置付け家賃を公費で補助することが、２０１１年４月末の国（厚生労働省）通知で実現しました。被災県が要望した結果、国が通知したのですが、震災発生から1カ月以上経っていました。県が整備するはずの仮設住宅でも事実上、県だけの判断では実現できません。

また、全国から応援に駆けつけた自治体職員やボランティアなどの宿舎として、プレハブ仮設住宅の空き室を利用しようと被災自治体は考えました。しかし国は、空き室利用は目的外使用に当たると難色を示しました。そんな国に被災自治体は柔軟活用を認めるよう強く要望。国は2011年8月「地域の実情に応じて適切な活用を」などと通知し、ある程度の弾力運用を認めました。しかし、応援職員の宿舎利用が可能か明記しておらず混乱しました。空き室を応援職員の宿舎にしようとした被災自治体と国とが対立する場面もありました。国は2012年1月になって、応援職員などの宿舎利用を認める通知を出しました。仮設住宅をどう活用するか、その権限も事実上は被災自治体になく、いちいち国に要望して実現を促さないといけません。空き室の応援職員利用でさえ半年かかりました。

最近では、「被災地へのUターン希望者や新規就労者にも、空いている仮設住宅への入居を認めてほしい」と被災自治体は国に要望しました。現地で住宅が不足しているため、被災地に戻り働くことができないからです。要望を受けて国は2014年2月、入居基準を緩和しました。この程度の変更でさえ、被災自治体は自己判断できず、国の判断を仰がなくてはならないのです。

このように災害救助法は、災害が起きた後になって、被災現場の意向ではなく、国の判断でルールを緩和・変更して運用します。その結果、被災自治体は、現場でいかに素早く対応することよりも、ルール緩和に向けた国への要望に力を注がざるを得なくなります。そして、国がいかに柔軟対応するか、ばかりを気にせざるを得なくなります。けれども、災害対策で必要なことは、国の柔軟対応に期待することではなく、現場が即断即決できる仕組みではないでしょうか。国の柔軟対応に期待するしかないという今の仕組みこそが、日本の致命的な欠陥です。同法の実施主体である県に裁量権を全面移譲すべきでしょう。

◇市町村主体の復興体制を

ちなみに、災害救助法の実施主体は都道府県知事ですが、実際には、現場を抱える市町村長に多くの事務を委任せざるを得ません。同法に基づく全ての業務を都道府県だけでは実施できないからです。例えば、被災者への弔慰金の支給、避難所の開設・運営などは、市町村でなければできません。

識者の中には、災害対応を市町村に任せるのは無理なので、県や国を中心に制度設計し直すべきだ、などという人がいます。けれども、災害対応の責任者を県や国にしても、市町村の代行は不可能で、市町村の役割はあまり変わらないでしょう。阪神大震災で神戸市災害復旧担当部長を務めた酒井昭夫氏に２００４年にインタビューした際、「被災して機能不全に陥った市町村ではなく、国や県が災害救助に主導権を持つべきだという主張があるが…」と聞いたところ、酒井氏は「仮にそうなったとしても、結局は国や県が、現場の市町村職員を捕まえて『これはどうだ』

などと指示するだけではないか」と懐疑的でした。

以上、国主導の災害救助法と、市町村中心主義をとる災害対策基本法とのズレは明白です。このズレは、災害対策の主役であるはずの市町村を、国や県に従属すべき「手足」におとしめ、市町村の主体性を奪っています。大胆に権限と財源を移譲して市町村主体の体制を築くことが、災害対応や復興を加速させる決め手だと思います。現場主導型の災害対策基本法に沿って、中央統制型の災害救助法などの災害対策を見直すことが必要です。言い換えると、災害救助法をはじめとする国主導の官治・集権システムを、現場主導の自治・分権システムへ構造転換することこそが、日本の危機管理能力を高める唯一の手段です。

3　問わずにいられない
＝なぜ被災地の思いが実現できないのか＝

日本の災害対策は、平時の行政と同様に、国が自治体をコントロールすることを基本としています。被災自治体を押しやって国が主役になってしまう結果、現場の思いがなかなか実を結びません。国は「被災現場が必要としている制度」「復興に合わせた制度」を創造せず、「制度に合わせた復興」を被災地は強いられます。被災地の思ったように復興が進まず、「なぜ」と問わずにいられないことが噴出します。

（1）国の制度に合わせた復興

大災害が発生すると日本では、国の支援メニュー（制度）にない事業は事実上実行できません。被災自治体は、災害によって税収が激減する一方、復旧・復興のための施策が激増するため、財政的に困窮するからです。被災地の復興事業は、財源を国に依存せざるを得ません。だから、国の了解が得られないと、どんなに被災地が努力をしても動けなくなります。その結果、被災現場が必要としていることではなく、国のメニューに合わせて対策や復興を行う事態に陥ってしまいます。

国の支援を受けるには、その施策が国のメニューにあることが必要です。とはいえ、大災害では、メニューにない事業がどうしても必要になります。その場合、新たなメニューを国につくってもらうしかありません。新たな国のメニューづくりに被災自治体は奔走せざるを得なくなります。しかも実現には非常に手間と時間がかかります。阪神大震災で国は当初、被災者に倒壊した自宅を解体処理させようとしました。被災自治体の懸命な努力によって、処理は国のメニューに追加されましたが、こんなことでさえ実現は大変だったのです（第3章「1　今に生きる阪神大震災の遺産」参照)。「現場に権限・予算があれば、阪神大震災の対応は違ったと思うか」と問うたところ、酒井氏は「間違いなく、もっと早く復旧できた」と述べました。

もちろん、新たなメニューを被災地が国に要望しても、実現しないことも多々あります。東日本大震災では、岩手県が2013年11月、防災集団移転促進事業の移転用地を迅速に取得するための抜本的な特例制度案をまとめ、復興庁に実現を要望しました。しかし、復興庁が打ち出したのは、国の専門職員を派遣する用地加速化支援隊の創設など、既存制度の枠内で運用を強化する対策にとどまりました。

被災地は「前例のないことが起こっているのに、平時の枠組みで復興を行うのは無理だ」と嘆きました。大災害なのに、被災地が望む抜本対策は実現せず、既存制度の枠内で対応しようという「霞が関の限界」が頻繁に露呈します。

(復興庁が動かないため、与党の自民、公明両党は2014年3月25日、議員立法という形で、土地収用の手続きを迅速化する復興特区法改正案を国会に提出。民主党、みんなの党、結いの党、生活の党の野党4党も同日、与党案とほぼ同じ内容の同法改正案を提出しました。法案は一本化され、同年4月に全会一致で可決成立しました。岩手県が求めるような抜本的対策ではないものの、かろうじて政治が機能しました。)

(2) 防潮堤ありきの復興

東日本大震災の被災地で大きな問題となっているのが、国の方針・基準に基づく防潮堤の整備です。行政主導で進む防潮堤整備に住民が待ったをかけるケースが目立ち、「防潮堤ありきの復興」「住民置き去りの復興」などと批判されています。

◇国の防潮堤整備方針

国の中央防災会議は2011年、津波対策として、▽数十年から百数十年に1度の「頻度の高い津波」（レベル1津波）は防潮堤で防ぐ▽1000年に1度といわれる東日本大震災クラスの巨大津波（レベル2津波）に対しては防潮堤と避難などのソフト対策とを組み合わせて対応する――としました。これに基づき国や被災県は、過去に発生した津波の高さや想定実験などのデータを踏まえ、被災地に整備する防潮堤の高さの目安を、レベル1に設定しました。計画されている防潮堤は、岩手、宮城、福島3県で、総延長約400キロ、事業費約8000億円。最も高い防潮堤は、岩手県で15・5メートル、宮城県で14・7メートル、福島県で8・7メートルとなる見通しです。

実際に防潮堤の高さを決めて整備するのは県ですが、国の意向が強く働きます。第1に、防潮堤の整備費用は国が出し、国の災害復興予算を使えるのは2015年度という期限があります。第2に、防潮堤はレベル1津波を防ぐ高さにする方針が国から被災自治体に通知されており、事実上この通知に従わざるを得ません。

◇２０１５年度問題という「国の壁」

第１、２０１５年度という復興予算の期限切れでは――。

国は震災後の２０１１年度から２０１５年度までの５年間を集中復興期間として、25兆円の復興予算枠を確保しました。しかし、２０１６年度以降の復興予算はまだ決まっていません。国の復興交付金が５年間分しか明確化されていないため、被災自治体は、国から予算を確実に獲得しようと、無理をして、復興事業を２０１５年度までに詰め込んでいる面があります。この復興交付金の期限切れ問題が、復興計画に沿った長期的な復興まちづくりを阻害し、拙速な復興事業を増やしています。

特に、地元住民との合意形成に支障が出ています。被災自治体は、国からの予算獲得のため、期限に間に合うよう早く復興事業をレールに乗せなくてはなりません。着工ありきの姿勢になりがちです。被災自治体は、地元住民との話し合いや計画変更には消極的で及び腰となります。その結果、復興を急ぐ行政に被災地の住民が押し切られる形で復興事業が進んでいます。防潮堤の建設に当たって被災県は「復興予算を捻出できる今整備しなければ、防潮堤を造りたくても造れなくなる。県民の命を守るためにも、予算のあるうちに整備しないといけない」などと考えています。

被災自治体は国に「復興交付金の期限を延長するなど、６年目以降の財源を明確にしてほしい」

「6年目以降も復興予算を使えるようにしてほしい」などと訴えています。これに対して国は「6年目以降も必要な財源は確保する」と、あいまいな回答を繰り返すだけです。２０１４年3月になってようやく延長の意向を示し始めましたが、復興財源の権限を握っている国の判断に被災地が振り回されているかのようです。

◇復興の主役は誰なのか

第2、防潮堤の高さの問題では——。

国の方針を受けて被災県は、県民の生命と財産を守るため、レベル1の防潮堤が必要だと主張しています。「防潮堤を整備しないと県民の生命と財産を守る責任を放棄したことにつながる」「これから生まれてくる人々を守るためにも整備しないといけない」などと訴えて、整備を急いでいます。

これに対して、被災地の住民は戸惑っています。国や県のいう「生命や財産を守る」だけでは生活できず、復興には、漁港機能、景観、砂浜などといった暮らしや仕事の基盤も不可欠だからです。国や県の言う通りに防潮堤を整備したら、目の前に、海を覆い隠すような巨大な壁ができてしまうのに、レベル2の東日本大震災クラスの巨大津波は防げず、災害危険区域として建築制限される地域も残ってしまいます。納得しにくい面が多々あるのです。「高い壁に囲まれた刑務所の中で暮らすようなものだ」「これでは海とともに生きていくことはできない」「こんなに高い防潮堤に必要性を見いだし得ない」「すぐ裏に山があるから逃げればいい。防潮堤はいらない」「防潮堤をもっと低くしてほしい。高さを調整してほしい」「防潮堤の予算があるのだったら、地面をかさ上げや、避難路の整備などまちづくりの方を優先すべきだ」などという声が出ています。

こんな中、岩手県は、県案をたたき台に市町村や住民との協議を踏まえて高さを決定。防潮堤の高さについて全１３５カ所で住民の合意を取り付けたとしています。住民の意向などを踏まえ、20カ所で防潮堤の高さを見直しました。大槌町では、高台移転を条件に、県案の14・5メートルから6・4メートルに変更。釜石市の花露辺地区では、自分たちでつくった復興計画を反映し、高台移転や避難路・避難場所整備などを進め、防潮堤の建設を見送りました。とはいえ、合意を取り付けたといっても、県の姿勢は着工ありきでしたから、巨大防潮堤をやむなく受け入れた地区も多く、不満の声は消えていません。

宮城県は、県が高さを決めて住民に同意を求めるトップダウン型で、防潮堤の整備を進めています。「県民の生命を守るため、防潮堤の位置や形は協議対象だが、高さは変えられない」「税金で中途半端な防潮堤を造っては国民の理解を得られない」「１０００年先の住民の命を守る」などという姿勢を貫いており、住民の反感は根強くあります。２０１３年末時点で防潮堤約４００カ所のうち約2割で住民合意ができていません。着工も遅れています。

あまりの行政主導に、与党自民党内でも異論が上がっています。安倍晋三首相の昭恵夫人も２０１３年12月、自民党環境部会主催のシンポジウムで、防潮堤建設事業について「反対意見がたくさんある。もう一度きちんと精査して見直してほしい」「防潮堤が必要な所はきちんと造ればいいし、必要がない所はやめればいい。高いものが必要ない所は少し低くすればいい」などと訴えました。

◇議論妨げるバラバラ行政

被災地の住民が疑問を持つのは、被災市町村が進めている復興まちづくりの議論と関連させずに、国や県の防潮堤整備計画が進んでいることです。復興まちづくりは市町村が中心となって進めるのに、防潮堤は国と県が決めるという、バラバラ行政となっているため、市町村は、地元住民から防潮堤に異論が出ても「高さは国が決めたもので変更できない」「国や県の事業なので、市が口を挟めない」などと逃げてしまいます。国、県、市町村がバラバラに事業を進める結果、防潮堤には地元住民の意見が反映できません。岩手県宮古市田老地区の住民も「県の議論にも民意を反映させる仕組みが必要だ」と訴えています。

さらに問題なのは、防潮堤の整備を前提にしないと、復興まちづくりが進まないことです。防潮堤の高さを変えれば、津波浸水地域が変わり、住宅建設予定地などの変更が必要になります。だから、防潮堤と復興まちづくりがセットにならざるを得ず、防潮堤でもめていると、まちづくりが遅れることにつながります。だから、地元住民も不安を抱えており、大々的な防潮堤の反対運動にはつながりません。しぶしぶ県の防潮堤整備案に従う住民もいます。復興まちづくりの一つの手段として防潮堤があるはずなのに、防潮堤が主役となり、防潮堤に合わせて復興まちづくりが進んでいます。本末転倒な状態です。

復興の主役は、被災地の住民のはずです。自分たちの街をどうつくり、自分たちの生命と生活をどう守るか、というところから、住民が自ら考え協議して、それを具体化していく。こうした「わが街のことは自分たちで決める」というのが自治の原点であり、民主政治の大原則です。東日本大震災の被災地で進められている復興まちづくりは、行政主導が目に余ります。これでは、行政任せが蔓延し、逆に地域防災力を弱めてしまいます。

（3）東日本大震災の教訓は忘れられた？

災害から市民の生命と生活を守るためにはハードの構造物だけでは限界がある、というのが、東日本大震災の教訓だったのではないでしょうか。東日本大震災では、防潮堤への過信が被災地住民の防災意識を低下させた、あるいは防潮堤で海が見えなくなったことが津波から逃げることを遅らせた、ということが指摘され、防潮堤だけに頼る防災は危険であることが明白になったはずです。

◇なぜ防潮堤だけで被害を防ぐのか

国の東日本大震災復興構想会議は２０１１年6月、災害を封じ込める「防災」ではなく、災害被害をできる限り減らすという「減災」という考え方を提言しました。それなのに、なぜレベル1津波を防潮堤で封じ込めることにしたのでしょうか。なぜ防潮堤だけの防御なのでしょうか。レベル1津波であっても、ハードとソフトを組み合わせた「多重防御」で街を守る選択肢があるはずですし、むしろ、それが減災の基本です。ハードとソフトをどう組み合わせて、わが街を津波からどう守るのか、住民が自ら考えて決めることです。

東日本大震災の津波で多くの人が亡くなったのは、防潮堤が低かったからというよりは、防潮堤に安心して逃げなかった人や、渋滞などで逃げられなかった人がいたからです。だから、被災自治体は、高台に逃げる避難路を新たに整備する重要性を訴えました。しかし、なかなか国は避難路の新設に予算をつけませんでした。避難路の新設を、被災地は復興のために必要な事業だと考えているのですが、国は復興で行う事業とは思っていないのです。その背景には、壊れたものを元に戻す「原形復旧」は認めるが、新設など新たに整備するものは認めないという、国の理屈「原形復旧主義」があります。この変な理屈に、被災地はいつも苦労します。防潮堤の整備に異議をとなえる被災地住民が物事を理解しない愚民なのではなく、硬直的な国の姿勢こそが問題だと思います。

◇「釜石の奇跡」

ハード対策だけで災害を封じ込めるのは不可能であり、愚かなことです。それを象徴的に証明したのが「釜石の奇跡」と呼ばれる東日本大震災の教訓です。それは、災害にどう対応すべきかを日頃から自分で考えて行動することの重要性を、私たちに訴えかけています。２０１２年12月に放映されたＮＨＫ番組「釜石の奇跡」などによると――。

「釜石の奇跡」とは、東日本大震災で岩手県釜石市の子どもたちがとった行動を称賛した言葉です。釜石小学校の子どもたちは２０１１年３月11日、震災発生前の昼過ぎには下校して、津波に襲われる地域にいました。そこに地震が発生し、想定を超える大津波が押し寄せました。想定外の大津波だったにもかかわらず、子どもたちは逃げ切っただけでなく、逃げようとしない家族ら大人に高台への避難を呼び掛け、多くの命を救いました。ある子どもたちは、震災直後、海近くの津波避難ビルに逃げようとしましたが、そのビルでは海に近く孤立しており危ない、などと自ら考え、より安全な高台にみんなで逃げました。津波で全壊した釜石東中学校、鵜住居小学校では、子どもたちが「津波が来るぞ」と叫びながら高台に逃げ、それに大人たちも従いました。最初に到着した高台ではまだ危ないと生徒が自ら考え、さらに高い所へ逃げると、最初に到着した高台が津波に襲われました。子どもたちの判断と行動が、多くの命を救ったのでした。

◇「受け身」では命は守れない

「釜石の奇跡」は、群馬大学の片田敏孝教授が震災前から釜石市の防災教育に関与してきた成果だと言われています。片田教授は、命を守る大事なこととして、①想定にとらわれるな ②最善を尽くせ③率先避難者たれ——という3点を指摘しました。つまり、「想定通りの災害はない。ハザードマップ（災害予測地図）は過去の災害を想定して作成されている。その通りに実際の災害が起こるとは限らない。ハザードマップを鵜呑みにするな」「日頃から、災害時にどう行動すべきか自ら考える。自分の街にどんな危険が潜んでいるか事前に調べ頭に入れておく。そうした平時の準備があってこそ災害時に最善の行動がとれる」「避難勧告や津波警報が出ても逃げない人がほとんどだが、誰かが真っ先に逃げれば、みんな逃げるようになる」などということを教えました。

さらに、東北の三陸海岸地方には「津波てんでんこ」という言葉があります。地震が起きたら家族がてんでんばらばらでいいから高台に早く逃げろ、という意味です。言い換えると、「自分の命は自分で守れ。一人ひとりが自分の命に責任を持て。家族が互いに信頼していれば、君が逃げたら家族も逃げる」「地震が起きたら家族が迎えに来るまで『待つ』のではなく、家族も逃げていると信頼し合って、一人ひとりがまず逃げる」ということです。これらを、釜石の子どもたちは身につけ実践したわけです。

東日本大震災後、防災教育の重要性がよく指摘されますが、「釜石の奇跡」と見ると、単に知識を与える上意下達型の防災教育では実際には役立たないことが分かります。自らが考え判断し主体的に行動する力を養い身に付けることが、極めて重要だと理解できます。釜石の子どもたちは自分の命を守ることに主体的・積極的で他人任せにしていない、と片田教授は指摘しています。そんな主体性を持った人間に育てることが大切なのでしょう。

片田教授は次のように指摘し、日本の危機対応に警鐘を鳴らしています。

「災害時に避難勧告など行政からの情報が出るが、『情報がなかったから逃げられなかった』とよく聞く。人に逃げろと言ってもらえなかったから逃げなかった。日本社会は、自分の命を守ることに対して、完全な〈受け身〉な社会になってしまっている」

第２章　現物給付主義という「国の壁」

＝なぜ被災地はいつも苦しむのか＝

被災地を最も苦しめる代表的な「国の壁」が、「現物（モノ）」給付主義です。日本国政府の被災者救済は、「現金（カネ）」支給を認めず、現物給付という原則で行います。「個人の財産形成に公費を使ってはならない」「自然災害で個人補償をしない」として、被災者個人には原則、現金を直接支給しません。例えば、避難所の食事は弁当という現物を給付します。現金や食券などを被災者に支給して、それで被災者各人が弁当を購入、あるいはレストランで食事する方法はとりません。住まいの再建も、「避難所→仮設住宅→復興住宅」という単線型の現物給付が中心となります。現金を支給して各人で住まいを確保する方法はとりません。

しかし、現金支給を否定する「国の壁」が、被災者を著しく苦しめています。被災者にとって使い勝手が非常に悪い上、現物給付から外れると被災者は公費（国や自治体の費用）による支援から取りこぼされる、という欠点を持ちます。避難所や仮設住宅に入らず、自ら住まいを確保しようという被災者に対しては、公費支援がなくなってしまいます。被災地で通常、自宅の自力再建を考える人が次第に減り、復興公営住宅の入居希望が多くなるのは、自力再建に対する支援制度がほとんどないからです。

そもそも、現金支給による災害支援はできない、という文言は、災害救助法にはもちろん憲法にも書かれていません。にもかかわらず、国の裁量で現物給付主義にしているのです。米国などでは災害時の現金支給は当たり前です。現金支給による支援の方が効果的だという指摘は、阪神大震災でもありました。東日本大震災を経験した今こそ、現金支給の導入へ舵を切るべきだと思います。

1　仮設住宅という現物給付

=新タイプを認めた東日本大震災=

大災害が発生して仮設住宅が完成すると、被災者は、行政が用意した仮設住宅という現物の提供を受け、避難所から仮設住宅へ移ります。その仮設住宅で画期的な制度の運用転換が、東日本大震災で起こりました。現物給付主義という「国の壁」に風穴を開けるかもしれない、新しいタイプの「みなし仮設住宅」が登場したことです。

◇自前契約を県契約に置き換える

仮設住宅は現行制度では2種類があります。一つは、空き地にプレハブ住宅などを建設するいわば従来型の仮設住宅です。もう一つは、都道府県が借り上げた賃貸住宅を仮設住宅とみなす「みなし仮設住宅（民間借り上げ仮設住宅）」です。これは阪神大震災後に正式に制度化されました。入居費用や2年間の家賃の一定額が公費で補助されます。

これに加えて東日本大震災では、被災者自らが探して契約した賃貸住宅物件も、県名義の借り上げ契約に置き換えた場合には、みなし仮設住宅としました。県が用意した賃貸住宅しか認めないという条件を緩和し、被災者の自前契約も対象とした、いわば「新型みなし仮設住宅」です。２０１１年４月30日の国の通知で正式に認められました。

それは、宮城・岩手・福島の被災県が国に働き掛け実現しました。被災県が働き掛けたのは、当時、被災者がなかなか避難所から抜け出せなかったからです。従来型のプレハブ仮設住宅は建設に時間がかかります。また、みなし仮設住宅についても、大震災で混乱する中、借り上げる賃貸住宅の契約に被災各県は手間取りました。その間に被災者は、経済的に苦しくても避難所生活に耐えきれず、あるいはやむにやまれぬ事情によって、自前で賃貸住宅に相次いで入居しました。新型みなし仮設住宅は、そうした「既存制度の仮設住宅を待っていられない」という被災者も救済するための、新たな仕組みでした。

ですから、新型みなし仮設住宅が認められた時、被災者は歓迎しました。「住みたい所に住める」「生活の便がいい」などと、新型みなし仮設住宅の希望が殺到し、プレハブ仮設住宅の入居を辞退する被災者が相次ぎました。その結果、東日本大震災では、みなし仮設住宅がプレハブ仮設住宅の戸数を上回りました。

被災者が自前で契約した民間住宅は、現物給付ではありませんから、本来は公費支援の対象外で、家賃は自己負担です。新型みなし仮設住宅は、被災者が自前で結んだ賃貸契約を県との契約に切り替え、県が民間賃貸住宅を借り上げて提供しているという現物給付の体裁をとりました。それによって、公費支援を可能にした仕組みといえます。

◇事務手続きの煩雑さ

ちなみに、現物給付の典型であるプレハブ仮設住宅は、「図表3」のような構造的な欠陥があります。入居する被災者にとっても、整備運営する自治体にとっても、使いにくい存在です。

一方、みなし仮設住宅は、プレハブ仮設住宅に比べると、「図表4」のような長所と短所があります。

図表3　プレハブ仮設住宅の欠陥

1	完成が遅い	被災者が入居できるまで時間がかかる。被災者は完成を待っていられない
2	希望に沿えない	不人気仮設団地には空き室が生じる。広さ・間取りに不満も
3	居住環境が悪い	壁が薄く、騒音に苦しむ。冷暖房機器も不可欠。燃えやすい。など
4	細かな管理が必要	管理事務所が必要に。入居者からの苦情対応や相談、孤独死防止なども
5	撤去も大変	撤去のために仮設入居者に退去してもらう作業が必要。撤去費もかかる
6	コストがかかる	建設、維持管理、撤去などで巨額の費用が必要。想像以上に割高となる

図表4　みなし仮設住宅の長所と短所（プレハブ仮設との対比）

	長所		短所
1	早く入居できる	1	支援や支援情報が被災者にいきとどかない
2	低コスト	2	隣近所がバラバラになり、孤立しやすい
3	住みやすい	3	人気地域で物件が枯渇・品薄となる恐れも
4	被災者の自由度が高い	4	事務手続き、入居実態把握などで労力大

　みなし仮設住宅の短所のうちで、特に新型みなし仮設住宅に対する事務手続きの煩雑さは驚くほどです。実際に東日本大震災では、県、被災者、大家・貸し主、不動産業者、市町村の間で多くの書類が何往復もしました。宮城県内の場合、みなし仮設住宅の事業主体は県ですが、書類上の手続きは仙台市など市町村に事務委託されました。その手順は以下の通りです。

　みなし仮設住宅への入居申請書を被災者が市町村に提出。その申請書を市町村は県に送ります。申請を受けて県は、定期建物賃貸借契約書を市町村に送り、不動産業者や大家との契約締結作業に入ります。契約締結作業では、市町村が不動産業者に契約書を渡し、記入してもらった上で、市町村に返送してもらいます。その後、市町村は記入済みの契約書を県に送ります。県は公印を押した後、市町村に返送し、市町村から不動産業者に契約書を渡し、これで契約が成立します。この契約の後でようやく、みなし仮設住宅へ被災者は入居できることになります。

最低でも、これだけの手順が必要です。もちろん、この過程では、被災者との相談や書類の点検が必要ですし、書類の記載漏れなど不備があった場合は手順をやり直さないといけません。県によると、不動産業者から提出の契約書には、押印漏れなどの不備に加え、入居決定時の条件や契約書の条文を無断修正されているものなどが半数近くあり、補正作業に時間を要し契約締結が遅れる要因になりました。また、不動産業者からすれば、市町村とやりとりをしているのに、県などいろいろなところから電話がかかってきて、混乱するケースもありました。こうした煩雑さが影響して当初は、みなし仮設住宅の家賃支払いを宮城県が滞納する事態が発生しました。また、家賃の過払いも起こりました。

一方、仮設住宅の入居可能期間は原則2年で、その後1年単位で期間延長することができます。みなし仮設住宅の場合、入居時期（契約締結日）が被災者によって異なるため、それぞれの案件ごとに、2年間という期限が迫ると、引き続き契約を結んでくれるのか大家に確認し、再度契約し直さなければ行けません。仮に大家が再契約に不同意ならば、入居者は新たな物件で申請し直さなければなりません。

◇被災現場からの訴え

このような手間がかかるのも、民間住宅を県が借り上げるという「現物」給付の体裁にしているからです。被災現場からすると、現物給付は不便極まりないのです。

宮城県は、２０１２年12月にまとめた「東日本大震災保健福祉部災害対応・支援活動の記録」の中で、災害救助法の適用を一定期間で終了し、恒久住宅の入居までの間は、被災者への新たな住宅支援施策として、家賃補助の創設なども視野に入れて検討すべきではないか、と訴えています。自前契約を県契約に置き換える現物給付の限界を指摘し、家賃補助という「現金」支給を提案しています。

政令指定都市市長会は２０１３年5月、神戸市内で開かれた会合で、災害時の支援制度の課題を３つあげました。その中で、「みなし仮設住宅の提供等に関する課題について」として、現物給付という国の原則に疑問を投げかけています。それによると、災害救助法は「知事が必要と認める場合…金銭を支給してなすことができる」と規定しているのに、実際は国の通知や災害救助事務取扱要領により現物給付が原則となっており、みなし仮設住宅（民間借り上げ仮設住宅）については、家主と自治体が契約を結んだ上で、自治体が被災者に住宅を提供している、ということを説明。その上で、東日本大震災で顕在化した課題として、▽県、被災者、大家、不動産業者、市町村の間で多くの書類が何往復もする煩雑な手続き▽仮設住宅の期間延長手続きの際にも、物件ごとに更新時期が異なること、大家の意向確認が必須なことなどにより、大きな事務負担――

を挙げました。

◇現金支給への第1歩？

新型みなし仮設住宅は、自治体が提供するという現物給付の体裁をとっていますが、実質は現金支給の考え方に一歩近づいているとも言えます。仮設住宅という現物給付は行政による建設・維持管理を前提とするため、災害が大きくなればなるほど、行政の能力を超えてしまいます。早く現金支給という手法を導入すべきでしょう。

例えば、被災者に現金を支給して、住宅選びから契約、入居、日々の家賃支払いまで全て、被災者の責任で自由にやってもらう方が合理的です。現金支給による被災者自身の住宅確保を基本にして、それで対応できない被災者に対して仮設住宅という現物を提供する仕組みを検討すべきだと思います。

2　会計検査院の画期的な意見

＝仮設住宅に現金支給を＝

会計検査院は2012年10月、県が民間賃貸住宅を借り上げて被災者に住んでもらう「みなし仮設住宅」は非効率だとする報告をまとめました。その中で、自治体と家主が契約を結ぶのではなく、家賃などの入居費用を被災者に「現金」支給するよう、厚生労働省に検討を求めました。民間賃貸仮設住宅（みなし仮設住宅）だけに限った提言ですが、「霞が関」（国）の一員である会計検査院でさえ、国の「現物」給付主義の弊害を認めざるを得なかったようです。「現金」支給を認めるよう、会計検査院が厚生労働省に注文したのは、画期的なことです。これまで見過ごされてきた「現物」給付主義の弊害を取り上げた、この報告には、踏み込んだ提言・指摘が多々あります。

◇みなし仮設の積極活用を

会計検査院は、東日本大震災などで被災した岩手、宮城、福島、茨城、栃木、千葉、長野の7県を対象に、仮設住宅の設置事業について、経済性・効率性・有効性などの観点から、適切に供与されているか、改善すべき問題点はないか、などに着眼して調べました。

それによると、2012年3月末時点で、災害救助法に基づいて7県は、仮設住宅約11万6200戸を提供しており、そのうち5万7700戸が民間賃貸仮設住宅（みなし仮設住宅）、5万2900戸が建設仮設住宅（プレハブ仮設住宅）で、残りの5600戸が公務員宿舎の活用などでした。

報告によると、建設仮設住宅よりも民間賃貸仮設住宅の方が、素早く対応できた上、低コストでした。

提供までの期間で対応の素早さを見ると――。岩手県の場合、震災（3月11日）後から4月10日までの約1カ月間で、民間賃貸仮設住宅は994戸提供されました。これに対し、建設仮設住宅は36戸でした。震災が発生した3月中に限ると、民間賃貸仮設住宅304戸なのに対して建設仮設住宅はゼロでした。

コスト面を見ると――。建設仮設住宅は、設置費用が1戸当たり542万円でした。建設後、水道管凍結防止や窓のサッシ化・複層ガラス化といった、防寒・防犯対策などの追加工事を行ったため、2012年3月末で、1戸当たり628万円に費用は膨らみました。その後、風呂の追い炊き機能の追加、家財道具を収納するための物置の設置を認めたことから追加工事費はさらに増えます。その上、今後、建設仮設住宅の撤去費、建設地の原状回復費なども必要になり、最終的には、1戸当たりの費用は大幅に増加する、と予測しています。これに対し、民間賃貸仮設住宅は、2012年3月現在の提供戸数、同月分の家賃金額、敷金や礼金、仲介手数料、内装費用に基づき、2年間の費用を算出すると、1戸当たり183万円となりました。（筆者補足＝ただし2年間で仮設住宅が解消するとは限らず、実際には多くが期間延長されている）

このため報告では、民間賃貸仮設住宅は、避難所の早期解消、仮設住宅提供の費用低減に寄与すると分析しています。とはいえ、民間賃貸仮設住宅には、▽入居被災者による新たなコミュニティの形成▽自治体による支援がしにくい――などの欠点があることから、大規模災害には、双方の特性に十分留意して、建設仮設住宅の的確な整備と併せて、民間賃貸仮設住宅をより積極的に活用すべきだと提唱しています。

◇被災県からの意見

次に、報告は、民間賃貸仮設住宅を提供するための事務処理について言及しています。

民間賃貸仮設住宅は、現品による供与が原則であるため、都道府県が民間賃貸住宅を借り上げた上で、被災者にあっせんして提供します。その問題点として、▽不動産業界から提供される民間賃貸住宅の物件情報が大量に日々更新されること、被災者の要望が多様であることなどから、対応に多大な時間を費やした▽書類の誤記などの対応が必要となった▽事務負担が増え、結果として業務が混乱するなど、民間賃貸仮設住宅に被災者が入居するまでに一定期間を要した――などが浮上しました。ある被災県は、被災者のライフスタイルや就学・就労等の事情により、県が提供した民間賃貸住宅の物件情報と被災者の住環境による需要が合致せず、民間賃貸仮設住宅の利用が進まなかった、と指摘しました。

一方、東日本大震災では、２０１１年４月30日の厚労省通知で、被災者が既に民間賃貸住宅に入居している場合、災害発生時以降に被災者名義で契約されていても、都道府県名義の契約に置き換え、家賃などを国庫負担の対象とすることになりました。つまり、被災者自らが探した物件を都道府県の借り上げに置き換えるという、新たな民間賃貸仮設住宅（新型みなし仮設住宅）を国が認めたのです。

実際には、この被災者自らが探した物件を民間賃貸仮設住宅としていた戸数は、民間賃貸仮設住宅のほとんど（92・7％）を占めていました。大多数の被災者が、県からあっせんを受けることなく、自ら物件を探していたのです。

これらから報告は、不動産業界などから提供された民間賃貸住宅の物件情報を用いて、被災自治体が行うあっせんは、必ずしも被災者の住環境に対する需要を満たしていなかった、と分析。事務負担の軽減のために、被災者が支払う家賃に対して金銭を支給する選択肢が認められる必要がある、という意見が、複数の被災県から会計検査院に多数示されたことを紹介しています。

◇なぜ金銭支給を認めないのか？

報告によると、金銭支給を原則として認めない理由として、厚生労働省は、次のような問題点をあげました。

①賃貸住宅物件の需要が短期間に高まるため、家賃の上昇を招き、財政負担が増大する恐れがある。
②被災者を確実かつ適正に救助できるか不明確である。
③金銭支給の場合、適正に運営するための事務処理体制が必要となる。

④賃貸住宅物件を自ら選定することが難しい高齢者や、早期に住宅確保が必要な人らに対して、住宅が確保できなくなる恐れがある。

⑤被災者と家主との間の契約で、都道府県が家主に家賃を支払うことは、入居管理を都道府県が家主に一任することにもなり、入居管理や家賃支払いで、災害救助法の実施主体である都道府県の責任が不明確になる。

これに対して報告は、「金銭の支給による救助であっても災害救助法に基づく救助であることには変わりはなく、東日本大震災等のような大規模な災害の場合には弾力的に対処することが重要である」とした上で、「問題点の解決を図り、都道府県知事が必要と認めたときは、金銭の支給による救助も選択肢の一つとして行えるようにすることを検討する必要がある」としています。

実は、災害救助法には、都道府県知事は必要があると認めた場合は救助を要する者に現金を支給できると規定されています。災害救助法第23条2項に「救助は、都道府県知事が必要であると認めた場合においては、前項の規定にかかわらず、救助を要する者（埋葬については埋葬を行う者）に対し、金銭を支給してこれをなすことができる」と明記されています。

しかし、国（厚生労働省）は、災害救助法が施行された１９４７年に、内閣官房長官・厚生事務次官が連名で出した「救助は現品供与が原則」という同法運用通知を守り続けています。この運用通知では、救助は現品によって行うことを原則とし、金銭の支給は、真にやむを得ない場合で、しかも金銭の支給によって救助の実効を期し得る場合に限る、とされています。

会計検査院の報告は、最後に所見として、「(現品供与という) 原則を厳格に運用するあまり、東日本大震災等のような大規模な災害の際に、被災者への迅速な対応等が阻害される結果となることは、制度本来の趣旨に反する」と強調しています。そして、「都道府県知事が必要と認め、運用上の制限が緩和された場合は、民間賃貸仮設住宅の供与について、金銭を支給して行うという選択肢も有力な方策の一つとなる」と主張。その上で「災害救助における現品による供与の原則を一部緩和することについて今後の検討課題に含める必要がある」と訴えています。

3 恒久住宅への道筋

=なぜ自力再建に冷淡なのか=

現物給付主義の弊害が被災者に最も重くのしかかる分野が、住宅再建です。住宅再建は被災地再生の要ともいえるほどの重要な対策です。なぜ住宅再建が重要かというと、阪神大震災など過去の大災害でも、住宅再建の遅れが、被災者の生活再建のみならず、地域の再生を遅らせたからです。人口が回復せず、地元商店を衰退させたりしました。このため、住宅再建が被災地復興の最大の課題になりました。住宅再建なくして被災地の復興はあり得ないと言っていいでしょう。

にもかかわらず、自力で自宅を再建しようという被災者は、「避難所→仮設住宅→災害公営住宅」という現物給付のコースから外れ、「自助」努力を強いられます。災害公営住宅という現物の提供を受ける被災者と比べて、自力の住宅再建に対する公的支援は極めて貧弱で冷淡です。

図表５　住宅再建の道筋（概略イメージ）

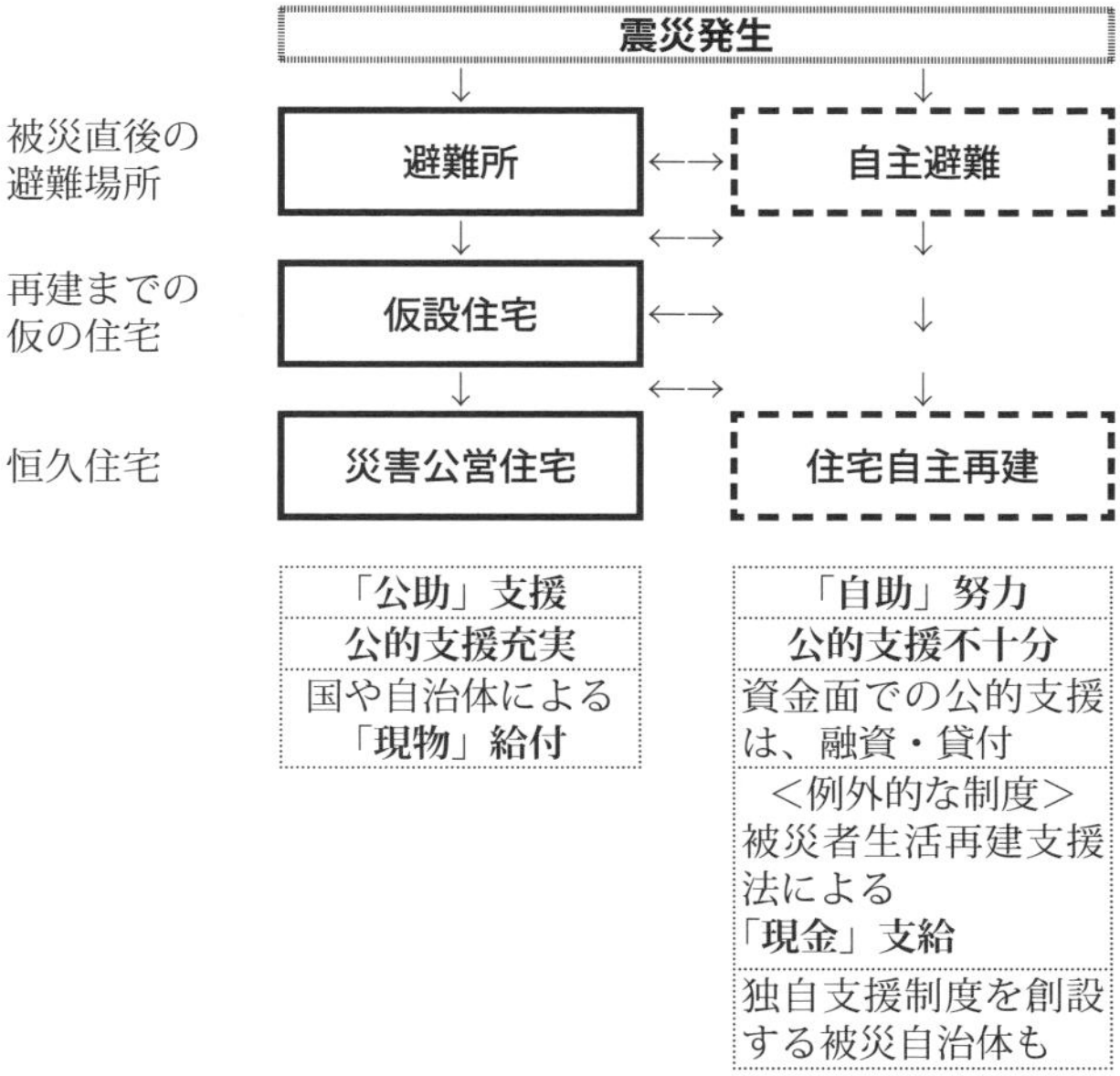

◇「公助」支援が充実する現物給付コース

大災害が発生して自宅が壊れると、被災者はまず、避難所に逃げます。次いで、行政が建設した仮設住宅に移り、最終的に、行政が整備した災害公営住宅という恒久住宅に入ります。この「避難所→仮設住宅→災害公営住宅」という現物給付のコースでは、行政による「公助」支援が充実しています。

ちなみに、災害公営住宅とは、災害によって自宅を失った被災者に対して、自治体が国の助成を受けて恒久住宅として整備する公営住宅のことです。手厚い国費で建設できますが、建設後の維持管理費は自治体負担となるため、将来に向けて財政面や空き室対策などの課題が発生する恐れがあります。また、災害公営住宅には、▽自治体が整備した災害公営住宅▽民間賃貸住宅などを自治体が借り上げた借り上げ公営住宅――があります。阪神大震災で借り上げ公営住宅に入居した被災者は、借り上げ契約期間が最長20年であるため、そろそろ退去期限が迫ってきています。しかし、高齢化や体調不良、経済的理由などで退去が難しい入居者も多くいます。

◇「自助」努力を強いられる自宅再建

この現物給付のコースとは別に、大災害が発生しても避難所に入らない自主避難者もいます。親類や友人宅などへ避難する人、テントやマイカーで避難生活をする人、危険を承知で自宅にとどまる在宅避難者などです。仮設住宅が完成しても入居しない人もいますし、災害公営住宅に入居しないで自らの力で持ち家住宅を再建する人もいます。この現物給付から外れたコースでは、行政の公的支援はほとんどなく「自助」努力を強いられます。住宅を自力で再建しようという被災者には支給できる現物がありませんから、公費支援から見捨てられます。基本的に、自力再建者への公費支援はありません。せいぜい融資や利子補給程度です。

自力再建者で国から支援を受けられるのは、国の制度の対象地域に指定された被災者だけです。東日本大震災の場合、建築基準法に基づいて被災自治体が、津波に再び襲われる恐れのある海沿いの地域を「災害危険区域」に指定し、住宅の建築を規制しました。同区域は移転対象地区とされ、防災集団移転促進事業（防集）、がけ地近接等危険住宅移転事業（がけ近）などの国の制度を活用して、例えば、自宅再建の際の土地買い取り、住宅ローンの利子補給などといった国の支援が受けられます。

これに対して、国の制度から外れた自力再建者が唯一頼りにできるのは、阪神大震災を契機に創設された被災者生活再建支援法による現金支給ぐらいです。ただし、支給金額は最大で300万円にすぎず、住宅再建には十分ではありません（この例外的な現金支給制度が創設された経緯は第3章を参照）。ちなみに宮城県は2012年12月、災害危険区域外で住宅の自力再建が見込まれる戸数を最大3万3000戸と見込みました。

◇避けられない住宅再建の独自支援

住宅再建には多額の負担が必要で、自力で住宅を再建しようとする被災者を支援しないと、自立が進まず地域も疲弊してしまいます。自力住宅再建者を救済するため、被災自治体は独自に、住宅再建を支援する現金支給制度を創設せざるを得なくなります。阪神大震災の兵庫県、鳥取県西部地震の鳥取県、新潟県中越地震の新潟県など、いずれも住宅再建の現金支給制度を独自に設けました。（第3章を参照）

東日本大震災でも被災後まもなく、自治体独自の住宅再建支援制度が広がりました。岩手県は

２０１１年５月、住宅再建被災者に最大１００万円を支給する独自支援制度の創設を表明。仙台市、岩手県陸前高田市、宮城県女川町なども独自支援を打ち出しました。

しかし、独自支援制度を創設した自治体も財政に余裕があるわけではありません。また、財源確保の見通しが立たない被災自治体は独自支援に踏み出せませんでした。各自治体の被災の大きさ、財政力によって、独自支援の対応が異なり、格差が生じるという問題も発生しました。（自治体間格差は課題ですが、問題の本質は、これまで住宅の自力再建に国が公的支援をほとんどしていないから自治体が独自支援せざるを得ないことです）

このため、多くの被災自治体は、国の復興交付金を財源にして自力再建者への独自支援を実行したいと考えました。国は「個人資産の形成につながる」と難色を示しましたが、被災自治体は、復興交付金を独自支援の財源にすることを国に強く迫り、復興交付金の申請に踏み切る構えを見せました。結局、申請は見送りましたが、独自支援の必要性と実現への意欲を、被災自治体は国に見せつけました。

その甲斐あってか、国は２０１３年１月、津波被害に遭いながら国の財政支援が受けられない災害危険区域外の被災者に対し、住宅再建を支援する方針を表明しました。具体的には、宅地かさ上げ、住宅ローン利子、引っ越しの費用を助成するため、被災自治体に国が「震災復興特別交付税」約１０００億円を配分しました。これは画期的なことでした。これまで見捨てられていた住宅の自力再建に対し、国が財政支援に乗り出したのです。

この震災復興特別交付税を契機に、被災自治体は住宅再建への独自支援を次々と打ち出しました。岩手県宮古市、大槌町、釜石市、大船渡市、陸前高田市、宮城県気仙沼市、多賀城市、南三陸町、仙台市など、多くの被災自治体が、独自支援制度を創設、あるいは既に創設していた独自支援制度を拡充しました。それだけ住宅再建への現金支給が必要だったわけです。

「個人資産の形成につながる」と、自力の住宅再建に対する公的支援（現金支給）を禁止し、災害公営住宅の提供（現物給付）だけにとどめるのは無理があります。被災者のためになっていません。被災自治体にとっても、災害公営住宅は維持管理が大きな負担となるため、被災者が自力で住宅再建を進めてもらう方が得策です。国は、住宅再建に対する現物給付主義を見直し、現金支給を導入すべきです。

なお、東日本大震災では、国の財源で被災自治体の独自支援が可能になりましたが、恒久制度化されているわけではなく、今後の大災害で同様な財政支援を国がするとは限りません。南海トラフ巨大地震や首都直下地震をはじめ、今後の大災害に備え、被災住宅の自力再建に対する公的支援（現金支給）の制度設計をしておくことが急務だと思います。

4　現物給付の問題点

＝時代錯誤となった国の原則＝

現金（カネ）支給を拒絶して、現物（モノ）給付だけで災害対策を展開するのには、無理があります。国の現物給付主義は、被災現場を混乱させる時代錯誤の原則です。現物給付の問題点は、次のように整理できます。

◇被災者のニーズに合わない

第1に、行政が給付する現物は、被災者のニーズに必ずしも合わず、どうしてもミスマッチが生じます。被災者全員が満足するモノはそろえられません。例えば、避難所にいる人々の食事を行政が弁当という現物で給付する今の方法では、被災者の不満は絶対に避けられません。老若男女すべてが満足する弁当は配給できませんし、弁当の配布時刻、中身、分量など個々の被災者の好みに合わすことができないからです。唐揚げ弁当を支給した場合、脂っこいものが苦手な老人もいれば、大好きな子どももいます。しかも弁当は温かくありません。仮に、入浴できない被災

図表６　「現物（モノ）」給付の問題点

1	必要なモノを届けられない	被災者全員が満足するモノを揃えられない
2	時間がかかる	調達に時間がかかるので、必要なモノを被災者に届けるのが遅れる
3	非効率となる	行政にとって現物給付は非常に手間がかかる
4	公平性の確保に苦しむ	不公平とならないよう、被災者全員分を確保したモノしか配れない
5	被災者が受け身に陥る	行政からモノの給付を待つだけの客体となり主体的に動かなくなる

者のためにせめて下着を配ろうと被災自治体が考えたとしても、サイズや好みは人によって全く異なります。配っても、気に入られずに返品する人が出ることも予想されます。このように、避難所にいる被災者への支援が現物給付であることが、避難所運営を一層困難にしています。仮設住宅も、被災者の希望に沿わないケースがあるため、空き室が必ず出てしまいます。

第２に、現物の調達には時間がかかり、必要なモノを被災者の手元に届けるのが、どうしても遅れてしまいます。店頭にある商品を被災者自身が購入するのと違って、現物給付という方式をとる限り、被災者が必要としているモノを行政が調べた上で、そのモノを調達し、さらに被災者の手元に届けなければならないからです。ここでも、被災者の不満は募ります。

第３に、行政にとって、現物給付は非常に手間がかかります。被災者が必要としているモノを把握する作業だけでなく、モノの仕分けや配送作業などにも忙殺されてしまいます。弁当の例でいえば、弁当の確保から各避難所への配送まで、行政が手配しなければいけません。しかも、避難所にいる被災者への弁当の給付漏れは許されません。どれだけの弁当を用意して、どのように配布するか、非常に神経と労力を使います。

第4に、行政は公平性の確保に苦しみます。現物は、一部の被災者だけに配布するわけにはいかず、被災者全員分を確保しなければなりません。阪神大震災では、避難所の弁当はどこも同じなのに「あそこの避難所の弁当はおいしい」などという噂が流れ、その避難所に人が殺到したことがありました。用意した弁当では足りないため、その避難所ではすべての弁当配給を取りやめました。支給漏れとなる被災者が生まれ不公平となるからです。その被災者から不満が出て、避難所がパニックになるかもしれません。

全てを公平に扱うということは、全てで実施できるような最低レベルの対策しか実行できないことになってしまいます。全てで実施できるようになってから、ようやく対策を実行するため、対応も非常に遅くなります。結果的に被災者全体の復旧が遅れてしまいます。　ですから、災害対応に当たった神戸市幹部は「非常時には『不公平』があってもいいのではないか。被災者にはいろんな復旧段階があるので、各避難所でスピードが異なるのもやむを得ない、できるところは(できないところを待つのではなく)どんどんやってもらう、という考え方ができないだろうか」と提案していました。

第5に、何よりも最大の問題は、被災者が主体的に動かない、行政からの給付を待つだけの客体になってしまうことです。行政が給付する弁当や仮設住宅などのモノを、不満を持ちながら待つだけの「受け身」に陥ってしまいます。行政依存では復旧・復興は進みません。

5　現金支給の採用を
＝今のままでは大災害に対応できない＝

現物給付だけで大災害に対応するのはもう限界です。現物給付にこだわらずに現金支給を考えるべきだ、という声が目立ってきました。

(1) ほころび始めた現物給付主義

現物給付主義は現実には、ほころび始めています。既に見たように、仮設住宅への現金支給を検討するように求める意見が会計検査院から出ています。被災者生活再建支援制度を見れば分かるように、現実にも災害対策は現金支給を取り入れ始めています。

◇現物給付は至難の業

現物給付とは、人々が自由にモノを購入する市場経済をとらないで、国が統制・管理してモノを給付する、いわば配給経済を採用することです。日本全体がモノ不足であるならば、戦時下のような配給も必要でしょう。東日本大震災発生当初は、全国的なモノ不足が起こりましたから、モノの配給で良かったかもしれません。しかし、その時期以外はモノが流通していました。現物給付を押し通すのは無理があります。

被災者にモノを給付する主体である行政が、あたかも神様のように万能であれば別ですが、そうでなければ現物給付による被災者救済は至難の業です。会社や地域の忘年会・慰安旅行の幹事役を体験した人なら、参加者の募集・連絡、場所の設定、料理の選択など、非常に手間がかかることが理解できると思います。大災害となれば、全く面識のない人も含めて、老若男女、大家族から単身世帯まで、千差万別・多種多様な被災者全てを調整しなければなりません。弁当一つをとっても現物給付は大変です。

現物給付で大災害に対応できる、と考えることが間違っていると思います。行政には限界があり、ましてや災害対応に追われている中、被災者が納得できるような現物給付は困難だと考えるべきでしょう。

阪神大震災では、現金支給を取り入れるべきだという意見が多く出ました。

例えば、被災商店主や被災自治体は、食券や金券を発行することを訴えました。食券や金券を使って被災地の商店での消費を促して復興を進める、という狙いからです。当時、避難所で弁当が無償配給されるため、せっかく営業再開したお店の商品が売れないという事態に陥りました。このため食券や金券という形での現金支給を求めたのですが、この訴えは、現物給付に固執する「国の壁」によって退けられました。この結果、被災地の復興が遅れたと言われています。

また、神戸市は独自の現金支給を検討しました。金銭支給の仕組みとしては、災害見舞金、義援金があります。しかし、災害見舞金といっても、死亡者の家族に5万か15万円を支給するぐらいで、とても生活再建できません。阪神大震災では、被災当初は義援金もどうなるか分からないので、災害見舞金を増やすべきだという議論を、神戸市は随分しました。結局、神戸市は独自に災害見舞金を上乗せすることはできませんでした。神戸市は、災害救助の予算の裏打ちをしていた国や県に依存しており、災害見舞金を独自に増やすだけの財力がなかったからです。

阪神大震災を経験した当時の神戸市幹部は一様に、現金支給をもっと議論すべきだと訴えます。ある幹部は「現物か現金かは、被災者の選択に任せ、現金を選んだ被災者には現金を支給すればいい」と提案しています。どうしてかというと、「役所が考えて支給する現物は必ずしも被災者のニーズに合わない。しかも、全員が満足する現物はそろえられない。モノの調達には時間がかかり、被災者の手元に届くのがどうしても遅れてしまい、非効率だ」というのが理由です。その上で「現金支給なら、被災者の不満も減り、生活再建も早くなっただろう。特に阪神大震災の場合、大阪など少し神戸の外に出れば、商店は通常通り営業しており、被災地にも営業している商店はあった」と分析しています。別の幹部も「現物支給はモノ不足時代の発想で、モノが豊富な現代には合わない。商店が少ない地域では現物支給が必要だろうが、神戸市のような商店の多い地域では、現金があれば買い物ができる。明らかに現金支給の方が良かった」と振り返っています。

現物給付だけで対応するのではなく、現金支給を導入すれば、被災者の不満も減り、生活再建も早くなるでしょう。被災者にとっては、自ら欲しいモノをすぐに買うことができ、ミスマッチがなくなります。仮に店頭に欲しい商品がない場合でも、店から取り寄せることが可能です。行政にとっても、負担は大幅に軽減されます。現金支給は、行政がモノの配給を管理・統制するのではなく、通常の市場流通経済を基本にするからです。行政は、被災者の意向を聞いて必要なモノを調達して手元に届ける、という作業が不要になり、その分、他の業務に取り組めます。何よりも、支給された現金で被災者が、地元の商店で買い物をするため、被災地でカネが回ります。復旧・復興が加速します。現金支給をしないという国の原則は、被災者本位になっていません。

（2）現金支給しないと対応できない

現実的に、現物給付でしか行政が展開できないわけではありません。というよりも、現金支給をしないと災害対策は事実上回りません。実際のところ、被災者生活再建支援法や災害弔慰金法に基づく現金支給だけでなく、それ以外にも現金支給の前例があります。

◇雲仙噴火災害での現金支給

１９９０年に噴火が始まり１９９１年に大規模火砕流が発生した雲仙普賢岳噴火災害では、国（当時の国土庁）は雲仙普賢岳噴火災害に係る食事供与事業実施要綱を１９９１年10月４日に制定。国の補助を得て長崎県が実施主体となる形で「食事供与事業」を始めました。それは、２カ月以上の長期避難生活者へ「弁当代」として１人１日１０００円を渡すという現金支給事業でした。支給額は、４人家族なら月12万円程度になります。対象者は、弁当代としての現金支給か、弁当の現物給付かを選択できました。岩波新書「大災害と法」（津久井進著、２０１２年）によると、全員が現金支給を選びました。

２０００年の有珠山噴火災害では、厚い「国の壁」を前に、やむなく北海道が全額財政負担する単独事業として「生活支援事業」を２０００年６月に開始しました。同事業では、被災者の自立支援を目指し、収入が一定水準以下の長期避難世帯に対して、食費など生活諸費として現金（月＝世帯人数×３万円＋３万円）を支給しました。

全島民が避難した２０００年の三宅島噴火災害では、生活保護に準じて被災者に現金支給する「災害保護特別事業」を東京都が実施しました。本来、高額な預金のある被災者は生活保護が支給されませんが、その預金の一部を都が預かることで、保護が必要な状態をつくりだし、収入額と生活保護基準額との差額を支給しました。

いずれの事業も、法律や条例に基づく制度ではなく、補助金要綱に基づく一時的な事業として実施されました。また、噴火災害の特性を配慮した事業でした。噴火災害の特性とは、地震や台風災害と違って、噴火が続いている間は、被災者の収入が絶たれ、避難生活がいつまで続くか分からないということです。このためか、その後の大災害に引き継がれませんでした。

◇現金支給、米国では当たり前

このような災害避難者の生活支援は本来なら災害救助法の役割ですが、現金支給を否定する同法では対応できません。現物給付の限界は明らかなのに、なぜ国は現金支給を拒絶するのでしょうか。

考えられるのは、被災者を装って現金をだまし取る不正受給などの問題です。しかし、そんなことは対処可能です。多分、大災害が多発する日本で、個人補償につながる現金支給に踏み込むと、歯止めがきかなくなり膨大な財政支出が必要になる、ということを国は心配しているのでしょう。けれども現実には、国が現物給付にこだわればこだわるほど、被災地復興は遅れます。

ちなみに米国は、現金支給を当たり前に展開しています。日本と異なり、「被災したこと自体が特別扱いに値する」という考え方の下、個人や企業に対して直接、資金援助します。被災者への現金支給は、金融機関で換金できる小切手、ATMで換金できる入金済みのキャッシュカード、食品を購入できる食券の提供などといった方法で提供します。

　例えば、カリフォルニア州で１９９４年に発生したノースリッジ地震では、29万以上の被災世帯に緊急食料品交換券を配りました。住宅補修一時金として小切手11億３０００万ドルを約40万人に交付しました。当座の生活費として1億７９４０万ドルを約20万人に支給しました。その現金を使って被災者は、食事をしたり賃貸住宅を探したり、自らの判断で生活を送りました。

第３章　「国の壁」は絶対か

＝被災地の懸命な努力が風穴を開けた＝

東日本大震災や阪神大震災など大災害の復興で、常に問題となるのが「国の壁」です。大災害に遭うと、現場の課題を解決しようと、志ある被災地の自治体や市民はいつも自ら考えて行動し、強固な「国の壁」を乗り越えようと懸命に努力します。いわば被災地で「自治の胎動」が起こります。こうした被災地の粘り強い取り組みが、「国の壁」に風穴を開け、歩みは遅いながらも、大災害が発生するたびに災害対策や復興政策を徐々に充実させてきました。被災地の血のにじむような努力が、未来の被災者を救っています。

「絶対に認められない」と国が主張していた政策・制度が、その後実現したことも、ちっとも珍しくありません。災害対策の歴史を見ると、国の「変節」「手の平返し」は当たり前となっていることが分かります。被災現場の力が「国の壁」を崩した実例を紹介します。

1　今に生きる阪神大震災の「遺産」

＝東日本大震災の被災者を助けたこと＝

２０１１年3月11日に発生した東日本大震災の復旧・復興作業を見ると、阪神大震災の経験が生かされていることがよく分かります。阪神大震災の被災自治体が当時、必死になって誕生させた多くの新制度が「遺産」として引き継がれているのです。

◇被災自治体の不断の努力

代表的な「遺産」が、阪神大震災の被災地が必死になって創設した「被災者生活再建支援法」です。（詳細は次の「2、被災者生活再建支援法」を参照）

その他もいくつか例示すれば――。阪神大震災では当初、使えなくなった全壊住宅の解体やがれき処理は被災者の責任とされていました。全壊したとはいえ、住宅は私有財産だからです。これでは被災者はたまったものではありません。被災して呆然となっている中、住宅の解体やがれき処理を被災者が行うことなど不可能です。生活再建をしようにもできず、途方に暮れてしまいます。ですから被災自治体は、絶え間なく、また粘り強く国と交渉しました。当時の笹山幸俊神戸市長は、私有地内に入った土砂を災害廃棄物として処理したことが過去の水害であったという前例をわざわざ持ち出して、住宅の解体やがれき処理の公費負担を国に強く訴えました。そうした甲斐あって公費負担となりました。

また、仮設住宅は当時、２K平屋タイプ（6畳、4畳半、バストイレ、キッチン）しか、国のメニューにはありませんでした。単身であろうと大家族であろうと被災者は２Kタイプに入居するほかありませんでした。なので、神戸市は国に、地域型仮設住宅（共同のトイレ・風呂・台所と6畳の個室からなる寮形式の2階建て仮設住宅）、店舗付き仮設住宅、民有地への仮設住宅建設など、当時の国のメニューにない新タイプの仮設住宅を要望しました。しかし、国（厚生省＝現厚生労働省）は最初「仮設住宅は全部、平屋でやれ」「基準面積は全部これ（当初メニュー通り）でないと駄目」ということでした。地域型仮設住宅を要望した時は「何？」「2階建て？」などとけんもほろろでした。結局、地域型仮設住宅以外はほとんどが認められず、認められた地域型仮設住宅も認められるのが遅く、めぼしい建設用地が既になくなっていました。

仮設住宅に配備する物品についても、布団何枚とか、毛布何枚とか、はし何本とか、事細かに指示がきました。指示に従わないと国からカネが支給されなかったのです。仮設住宅にクーラー（エアコンではない）を入れることも当時、国のメニューにありませんでした。しかし、夏の暑さに耐えられない被災者から強い要望があったため、神戸市はやむを得ず独自に入れました。最終的に後で、国は補助金を付けたので、市は助かりました。

国との交渉に被災自治体は非常に苦労しました。被災者救済のための必要だと考えたことはなかなか国に認められず、国の了解を得るのに非常に手間がかかりました。笹山氏は普段、国への批判を口にしませんでした。その笹山氏が阪神大震災では「市民より先に、現場を知らない東京（国）を相手に説明しないといけない」と嘆きました。

このような被災自治体の苦労があって、以降、住宅の解体やがれき処理、仮設住宅のエアコン設置、数タイプの仮設住宅建設などについては、被災当初から被災地は心配する必要がなくなったのです。

◇阪神で役立った雲仙噴火災害の遺産

ちなみに、阪神大震災の被災者も、過去の被災地の努力による遺産に助けられました。代表例が、１９９０年からの雲仙普賢岳噴火災害で創設された復興基金です。

国の補助金は、硬直的で制約が多く使いにくい。中でも大災害時には、「前例がない」「補助する制度がない」「被災者個人に公金を直接支給できない」などという「国の壁」が立ちはだかり、生活・住宅再建を求める被災者のニーズにほとんど対応できません。

これに対して復興基金は、国の束縛から抜け出し、被災自治体が比較的自由に使え、必要な事業をきめ細かく柔軟に実施できます。国からの公金を直接使うのではなく、復興基金というバイパスを通すことによって公金色を薄めたからです。復興基金は被災地の復興を支える貴重な財源であり、今や復興基金なくして被災地の復興は考えられません。

復興基金の先駆けが、雲仙普賢岳噴火災害の被災者の生活・住宅再建を支援するために、長崎県が１９９１年に創設した雲仙岳災害対策基金（１０９０億円）でした。しかも財源として、全国から集まった義援金とともに、国が地方交付税を投入しました。いわば国公認の復興基金でした。地方交付税を活用した復興基金は日本初の制度でした。

これが前例となって１９９５年の阪神大震災でも、地方交付税を活用した復興基金が実現できました。復興基金を使って生活再建など１１３事業が実施されました。その一つとして、低所得者らに現金を支給する生活再建支援金も創設されました。国が認めなかった現金支給を、基金という迂回路を使うことによって実現したものでした。復興基金がなかったら、被災者の生活再建は頓挫したでしょう。

２００４年の新潟中越地震でも、地方交付税を活用して復興基金が設けられました。泉田新潟県知事は、東日本大震災後の２０１１年5月の記者会見で、新潟中越地震の対応を振り返り、「復興基金をつくってもらったことで（地元の判断で）制度設計ができ、復興対応の大きな力になった。補助金での対応だったら、スムーズに復興できなかった」などと指摘しました。阪神大震災の被災自治体首長と同様に、補助金の弊害と、その隙間を埋める復興基金の重要性を訴えています。

東日本大震災でも2011年10月、単年度予算の枠に縛られずに、きめ細かく弾力的に対応できる資金として、地方交付税を財源とした復興基金がつくられました。復興基金の使途は各県の判断に委ねられており、被災者救済に役立っています。

このように、雲仙普賢岳噴火災害で創設された復興基金が、その後に発生した大災害の復興に多大な貢献をしているのです。

2 被災者生活再建支援法

＝強固な「国の壁」を突き崩した典型例＝

「私有財産形成に公費は投入できない」という堅固な「国の壁」を突き崩した典型例が、被災者生活再建支援法です。それは、国の意向に抗して、被災地の自治体や市民が独自の運動を展開し、同法の制定から改正までを先導した歴史です。つまり、同法が制定され改正される過程は、被災地が強固な「国の壁」を崩していく過程でもあります。当時、国が「絶対に認められない」と言っていたことが、被災地の懸命な努力によって現在では、当たり前の制度として使われるようになっていることが、よく分かります。同法の制定と改正の経緯をみていきましょう。

◇復興に不可欠の住宅再建

被災者生活再建支援法は、阪神大震災をきっかけに制定されました。

阪神大震災が発生すると被災自治体は、住宅を再建するための資金の支給を国に求めました。被災者はこれまで住んでいた土地で暮らしたいと考え、その意向を実現するためには、住宅の復興を迅速に行う必要があったからです。しかし、災害救助法による避難所や仮設住宅の制度はあるものの、被災した住宅の再建や補修に対する制度は皆無でした。住宅再建が最大の課題であると、被災自治体は痛感しました。

ちなみに、住宅再建に関する自助努力の制度としては地震保険があります。けれども、加入率が低く十分に機能していない上、仮に加入していても、壊れやすい古い木造住宅は評価額が低く、とても再建費用を賄えません。

地震保険以外では、多くの人の善意による義援金も、住宅再建に利用できます。１９９０年の雲仙普賢岳噴火災害、１９９３年の北海道南西沖地震では、義援金が復興の大きな力になりました。しかし、阪神大震災では、被災者が約４５万世帯と非常に多く、被災1世帯当たりの義援金配分額は約40万円と、とても住宅再建できるような金額ではありませんでした。大災害では、義援金に頼ることはできません。

備考（制度の概要など）	年月
	1995年　1月
	1995年10月
	1995年11月
	1996年　5月
	1996年　7月
	1997年　2月
	1997年　3月
恒久住宅への移行支援へ、高齢被災世帯などに**現金支給**	1997年　4月
	1997年　7月
上限100万円。年齢・収入要件あり。家財道具等が対象	**1998年　5月**
住宅再建に最大300万円。年齢・収入制限なし**【初の住宅再建補助】**	2000年10月
鳥取県西部地震を踏まえ、今後の自然災害に備える基金制度	2001年　7月
住宅建設100万円、住宅補修50万円。年齢・収入制限なし	2003年　7月
住宅再建支援制度の創設を含む自然災害被災者支援制度の創設を要望	2003年11月
上限300万円に増額。居住関連経費（住宅撤去費等）が対象に	**2004年　3月**
住宅新築・購入などに最大400万円を支給。年齢・収入要件なし	2004年　7月
	2004年10月
住宅本体の改築補修費も対象。半壊世帯も対象。所得要件を撤廃	
住宅所有者の相互扶助。負担金を支払えば災害時に住宅再建費等を給付	2005年　9月
半壊世帯も対象。住宅建設・購入など使途制限や年齢・収入制限を撤廃	2007年　3月
	2007年　7月
住宅本体の建築・補修の対象化、年齢・年収要件緩和などを国に要望	2007年　7月
住宅再建に使用可。年齢・収入制限撤廃。定額渡切で手続き簡素化	**2007年11月**
特例…被災者生活再建支援法の財源の国負担を50%から80%へ引き上げ	2011年　3月

図表７　被災者生活再建支援法をめぐる動き

年月	出来事
1995 年　1 月	**阪神大震災が発生**
1995 年 10 月	「住宅地震共済制度」を兵庫県が提唱
1995 年 11 月	「日本を地震から守る国会議員の会」発足
1996 年　5 月	作家の小田実さんら市民が「生活再建援助法案」発表
1996 年　7 月	「自然災害に対する国民的保障制度を求める国民会議」設立
1997 年　2 月	2500 万人の署名を同国民会議が首相官邸に提出
1997 年　3 月	「被災者生活緊急支援基金制度」を兵庫県が提唱
1997 年　4 月	阪神大震災復興基金で「生活再建支援金」を兵庫県が創設
1997 年　7 月	「災害相互支援基金制度」創設を全国知事会が特別決議
1998 年　5 月	**被災者生活再建支援法が成立**
2000 年 10 月	鳥取県西部地震が発生 「被災者住宅復興補助金制度」を鳥取県が独自創設
2001 年　7 月	「鳥取県被災者住宅再建支援条例」を鳥取県が独自制定
2003 年　7 月	宮城県北部地震が発生 「被災住宅再建支援金制度」を宮城県が独自創設
2003 年 11 月	「自然災害被災者支援制度」創設を地方６団体が緊急決議
2004 年　3 月	**被災者生活再建支援法が改正**
2004 年　7 月	福井豪雨災害が発生 「被災者住宅再建補助金」を福井県が独自創設
2004 年 10 月	新潟県中越地震が発生
	住宅再建の制度を新潟県が独自創設
2005 年　9 月	「住宅再建共済制度（フェニックス共済）」を兵庫県が創設
2007 年　3 月	能登半島地震が発生 「被災者生活再建支援事業」を石川県が独自創設
2007 年　7 月	新潟県中越沖地震が発生
2007 年　7 月	「被災者生活再建支援制度」見直しを全国知事会が緊急要望
2007 年 11 月	**被災者生活再建支援法が改正**
2011 年　3 月	東日本大震災が発生

◇制度創設へ2500万人の署名

このため、新たな制度を求める声が相次ぎました。阪神大震災の被災自治体である兵庫県は1995年10月、全住宅所有者が加入して被災住宅の再建を支援する住宅地震共済制度を提案。日本弁護士連合会も1996年3月、地震被害住宅等共済制度を打ち出しました。住宅共済制度とは別に、全労済協会は1995年9月、自治体と国が基金を設立して被災者に現金を支給する制度を提唱。また、被災者でもある作家の小田実氏ら「市民グループ」も1996年5月、生活再建援助法案を発表するなど、公的援助を訴えました。

これに対して国は「自然災害で個人補償はしない」「私的財産の形成につながることに公的資金を援助できない」「わが国は私有財産制であり、個人の財産である住宅の再建や補修は個人の責任で行うべきだ」などと主張しました。これが「厚い壁」となり、被災地の「被災者に資金援助を」という願いは、ことごとく却下されました。

こんな中、兵庫県、全労済協会、日本生協連が中心となって「自然災害に対する国民的保障制度を求める国民会議」を1996年7月に設立。国民的な気運を盛り上げようと、署名運動を展開しました。署名は1997年2月に首相官邸へ提出されました。集まった署名数は最終的に、日本国民の5人に1人に当たる、2482万8964人にも上りました。こんな多くの署名が集まったことはかつてありませんでした。

一方、兵庫県は1997年3月、住宅再建に絞った住宅地震共済制度とは別に、家財道具の調達など生活再建に必要な資金を支給する被災者生活緊急支援基金制度を全国知事会に緊急提案。これを基に全国知事会は同年7月、災害相互支援基金制度を創設することを特別決議しました。

さらに兵庫県は1997年4月、阪神・淡路大震災復興基金の事業の中に、低所得や高齢の被災世帯に対して、恒久住宅への移行を支援するため、移転後の生活に必要な資金を支給するメニュー（生活再建支援金）を設けました。阪神大震災の一定の被災者に限定されるとはいえ、個人補償や個人給付がタブーとされる中で、現金を支給する画期的な制度が生まれたことになります。被災者生活再建支援法へとつながる制度でした。

◇被災者生活再建支援法、ようやく成立

こうした努力の結果、国会では被災者支援の法案が3つに集約されました。▽全国知事会が提案した災害相互支援基金制度を軸とした「被災者生活再建支援法案」（与党案）▽「市民グループ」を支援する有志国会議員による「災害被災者等支援法案」（市民法案）▽阪神大震災の被災者のみを対象とする「阪神・淡路大震災の被災者に関する法案」（野党3党案）――です。

そして結果的に1998年4月、3法案は一本化され、1998年5月、被災者生活再建支援法が議員立法で制定されました。難産の法律でした。

制定された被災者生活再建支援法には、一定規模以上の自然災害で自宅が全壊した被災世帯に

対して、家財道具の購入経費や住居の移転費用などとして、最高100万円を支給することなどが盛り込まれました。生活再建のための資金として被災者個人に現金を支給する画期的な制度でした。

財源は、相互扶助の観点から都道府県が拠出した基金を活用して支援金を支給し、基金が支給する支援金の2分の1に相当する額を国が補助する、という仕組みでした。つまり、国の制度として国の資金を投入するのではなく、都道府県の相互扶助を前提とした制度に国が補助する、というのが建前です。この仕組みは現在も続いています。

このように、いろいろな人々の努力によって、個人補償を否定する現物給付主義という「国の壁」に風穴が開けられました。

◇突破口となった鳥取県の独自制度

とはいえ、その内容は不十分でした。生活再建するには100万円では少ない上、住宅本体の再建費用として使えず、年齢・収入制限もあるなど、使途や金額に大きな不満が残りました。同法は、2000年3月からの有珠山噴火、同年7月からの三宅島噴火などにも適用されましたが、「住宅再建に使えないので助けにならない」という被災者の声が相次ぎました。はっきりいえば、大災害にはあまり役に立たなかったのです。

同法を見直すきっかけとなる制度が、2000年10月に発生した鳥取県西部地震の対策として鳥取県によってつくられました。鳥取県は被災後直ちに、被災住宅の建て替え建設に最高300万円を、また住宅や擁壁の補修に150万円を補助することを決定。さらに翌2001年7月には、同様の補助を行い、今後の自然災害に備える被災者住宅再建支援条例を制定しました。「憲法違反だ」と反対する国に、当時の片山善博県知事は「憲法のどこにそんなことが書いてあるのか」と反論。地域崩壊を防ぐために住宅再建支援は不可欠だと判断し、制度創設に踏み切りました。失った財産の補填ではなく、地域を守るための住宅再建支援という位置付けです。住宅本体の再建費用を補助する画期的な制度でした。しかも、被災者生活再建支援法が設けていた年齢・年収制限もありませんでした。

これによって、「国の壁」の風穴が劇的に広がりました。住宅再建に対する支援制度を国レベルでつくる際の突破口となりました。その後も、2003年7月の宮城県北部地震をはじめ、住宅再建を支援する制度を被災自治体が独自に創設。全国知事会や全国市長会などの地方6団体は2003年11月、住宅再建支援制度の創設を国に要望しました。

こうした動きを踏まえ、2004年3月に同法は改正されました。改正法では、被災住宅の解体・撤去費などを補助対象に加えました。典型的な個人資産である住宅に対し、建物本体の再建費用はまだ対象外のままですが、住宅再建の周辺経費に対する資金援助を国は認めたのです。

けれども、この改正によっても同法は、使い勝手が非常に悪く、要件も複雑なため、被災者を救済する仕組みにはほど遠い状態でした。被災者にとってあまり有効ではなく、まだ使いにくい制度だったのです。

ですから、2004年7月の福井豪雨災害では福井県が、さらには同年10月の新潟県中越地震では新潟県が、改築・補修など被災住宅本体に対する費用も対象とした支援制度を独自に創設しました。2004年は10個の台風が上陸し、新潟県中越地震も発生するなど、大災害が多発しました。この年は14府県市が独自に、被災者の住宅・生活再建に公費を投入しました。

新潟県中越沖地震が発生した2007年7月に全国知事会は、同法を見直して、住宅本体の建築・補修費も支給対象とすること、年齢・年収要件を撤廃することなどを求める緊急要望を行いました。

◇使い勝手のよい制度に改正

以上、このような被災自治体を中心とした独自の動きを踏まえ、2007年11月に同法は再度改正されました。

最大の変更点は、住宅本体への現金支給です。阪神大震災から10年以上経過してようやく、住宅本体の再建経費として使える支援金となったのです。それは個人補償ではなく「見舞金」名目で実現しました。「定額渡し切り」という、使途を限定しない見舞金方式を採用したのです。

使途を限定しない定額渡し切り方式にしたことで、手続きも非常に簡単になりました。従来は、使途を限定した上で実費額を精算支給する方式でした。つまり、1つ1つの領収書を添付して被災者が実費を請求し、その積み上げた額を支給していました。この方式を変更し、全壊あるいは大規模半壊という認定さえあれば定額を支給することにしました。分かりやすく言えば、住宅が全壊と認められれば１００万円（大規模半壊の場合は50万円）が支給され、さらに住宅を再建すれば２００万円が追加支給されます。金額が明確な上、煩雑な手間が省けるので、迅速な支給が可能になりました。被災者はもちろん、査定する被災自治体にとっても使いやすくなりました。

年齢・年収制限も撤廃されました。これまでは▽年齢制限によって1歳違うだけで支援が受けられない▽年収制限では前年の収入が適用されるため、被災して収入がなくなっても支給対象とならない――などというケースがありました。制限撤廃で、こんな不合理は解消されました。

◇国の論理と現場の論理

このようにみてくると、国の制度に従うことなく、その欠陥を補う独自の制度を、被災自治体が創設することによって、「国の壁」を崩してきた状況がよく分かります。「憲法違反だ」とまで主張して鳥取県の新制度に反対した国が今や、被災者生活再建支援法で同様の仕組みを取り入れているのです。いったい当時の国の反発は何だったのでしょうか。

ちなみに国は、「公金を私有財産の確保に使用してはならない」という現物給付主義の根拠として、しばしば憲法29条をあげます。しかし、29条は「財産権は、これを侵してはならない。財産権の内容は、公共の福祉に適合するやうに、法律でこれを定める。私有財産は、正当な補償の下に、これを公共のために用ひることができる。」と書かれているだけです。財産の保障を規定していますが、現金支給が違憲だとは読み取れません。そもそも被災者は、私有財産（住宅など）を確保したいのではなく、破壊された生活基盤を回復したいだけです。

3　特区

＝「絶対に認められない」制度だったのに、今や乱立＝

特定の地区に限定して特例措置を施す「特区」も、阪神大震災当時「絶対に認められない」と国が主張していた制度でした。阪神大震災で兵庫県と神戸市は、神戸経済を復興させるため、特定地域に立地した企業に対して税の減免や規制緩和を行う経済特区「エンタープライズゾーン」を提案し、国に実現を迫りました。税制優遇措置や財政支援によって経済低迷する地域を活性化させようと、米国などで実施されていたエンタープライズゾーンを参考にした提案でした。これに対して、国は「1つの国に異なる法令体系が並立する『1国2制度』につながる」などと強く反対し、具体化しませんでした。

ところが、国はその後「1国2制度」に対する考えを事実上改めました。今や国は特区制度ば

図表８　主な特区制度

特区名	施行年	備考
エンタープライズゾーン	（1995年）	阪神大震災で兵庫県や神戸市が提案。実現せず。
沖縄金融特区	2002年4月	沖縄振興特別措置法に基づき、一定の法人に税優遇
沖縄情報特区	2002年4月	沖縄振興特別措置法に基づき、一定の法人に税優遇
構造改革特区	2003年4月	特定の地域限定で国の規制を緩和
道州制特区	2007年4月	国から北海道へ権限委譲（８項目）
総合特区	2011年8月	地域限定の規制緩和と税財政優遇（国際戦略と地域活性化の２種）
復興特区	2011年12月	東日本大震災の被災地で、規制緩和、税減免、復興交付金支給
国家戦略特区	2013年12月	地域限定の規制緩和（国の成長戦略の柱の一つ。大都市中心）

かり創設しています。東日本大震災の被災地が対象の「復興特区」だけでなく、「地域活性化総合特区」「国際戦略総合特区」「国家戦略特区」など特区が乱立しています。その数は１０００を超えると言われており、何が何だか訳が分からない状態になっています。

◇沖縄で現れた経済特区

国が考え方を改める兆しは、沖縄県をめぐって現れました。１９９９年、沖縄振興特別措置法に基づいて、進出企業への税減免などを設けた経済特区「特別自由貿易地域」が沖縄本島中部の中城湾に設定されました。さらに２００２年には、一定の法人に税を優遇する「金融特区」「情報特区」が同県につくられました。沖縄県に特区が設定されたのは、米軍基地が集中している上、高失業率など厳しい経済状況にあり、社会資本の整備も遅れている実情に配慮したからだといわれています。
特区という考え方が認められたのは成果でしたが、その実態は、大胆な優遇制度を打ち出したわけでもなく、特区と言うには物足りない内容でした。「1国2制度は認められない」という霞が関のくびきから完全には逃れられなかったわけです。10年以上たった今も、特区の効果・実績はほとんどみられません。

◇構造改革特区

小泉純一郎政権時代の2002年12月、特定の地域に限って国の規制を緩める構造改革特区法が成立し、2003年4月に施行されました。実情に合わなくなった国の規制を地域限定で緩和し、地域の活性化とともに、全国的な構造改革へ波及させることを狙った特区です。自家製の酒を提供できる「どぶろく特区」などが話題になりました。

仕組みは——。規制の特例措置の提案を自治体などから国が募集。そのうち各省庁で合意できたものを国がメニュー化。そのメニューの中から自治体が特区申請し、国が認めると特区での規制緩和が実現する、という流れです。国が設定したメニューに基づいて国が選定するという国主導の仕組みは従来通りです。しかし、自治体などから募集した提案を活用する点は、裏返せば、国のアイデアだけでは大胆な構造改革はできない、という日本の現状を反映した制度でした。

規制緩和を求める提案は5000件を超えましたが、提案の8割近くが省庁にはね返され、認められたのは約1100と言われています。特区になっても、骨抜きにされ、実績が上がらないまま「休眠」状態となったものも少なくありません。

◇道州制特区

2006年12月、国から北海道への権限委譲を柱とする道州制特区推進法が成立。調理師養成施設の指定や、鳥獣保護法に基づく危険猟法（麻酔薬の使用）の許可など計8項目の権限を、国から北海道へ委譲するほか、さらなる権限委譲を道が国へ提案できると定めました。しかし、特区と呼ぶにはあまりにも貧弱な特例措置だったこともあり、将来の道州制のモデルとなるような成果は出ませんでした。

◇総合特区

民主党政権時代の2011年6月には、地域を限定して規制緩和や税財政の優遇措置を適用する総合特区法が成立しました。総合特区には、①経済成長のエンジンとなる産業などを集積し、国際競争力を強化する「国際戦略総合特区」②地域の活力を高める「地域活性化総合特区」——の2種類があります。国の財政支援がなく規制緩和も1種類に限っていた構造改革特区に対し、総合特区は、規制緩和や税制優遇、財政・金融支援など複数の優遇措置を可能にしました。しかし、あまり成果は出ていません。

◇復興特区

東日本大震災では、規制緩和に加え、税金の減免、自治体負担ゼロの復興交付金の支給などを盛り込んだ「復興特区」が、２０１１年12月に成立した復興特区法によって創設されました。復興特区の仕組みは、国が用意した特例メニューから被災自治体が選んで申請し、国が認めれば、優遇を受けられるという流れになります。

とはいえ、非常時の超法規的な仕組みを望んでいた被災自治体にとって、復興特区は期待外れでした。国が用意したメニューに基づいて国に認めてもらうという認定手順自体が、平時の手順と同じですし、その中身も、超法規的なものではなく、平時よりも「少しお得」といった程度だったからです。

◇国家戦略特区

安倍晋三首相は、経済成長の起爆剤にしようと「国家戦略特区」を進めています。国家戦略特区とは、特定の地域に限定して規制緩和などを行い民間投資を呼び込む、という国の成長戦略の柱の一つです。地域活性化を目指して国に認められた地域が実施主体となったこれまでの特区と異なり、経済成長を目指し、国が前面に立って規制緩和するのが特徴です。２０１３年12月に国家戦略特区法が成立し、国は２０１４年３月、東京圏、関西圏、沖縄県など６地域を国家戦略特区に選びました。具体的な規制緩和策を定めるのは２０１４年度の予定で、国の思惑通りに経済成長の起爆剤となるのか、効果は未知数です。

４　交付金

＝補助金の弊害を緩和する仕組みだが＝

日本において自治体の自由を縛っている最大の制度が「補助金」です。大震災などの非常時には補助金の弊害が顕著になり、被災地を苦しめます。とはいえ、その補助金ですら、一歩一歩改善されてきています。

◇阪神大震災の苦労

阪神大震災で被災自治体は財源確保に苦労しました。被災自治体が自由に使えるカネがなく、復興に手が回らなかったからです。国からの補助金は使途などに制約が多く、被災地の実情には合っていませんでした。神戸市助役（副市長）として復興に当たった山下彰啓氏（故人）は、国の補助金があまりにも省庁縦割りで柔軟性に欠け被災地の実態に沿っていないことに嫌気がさしました。だから、自前の財源の充実を強く訴えるようになりました。「神戸市域で徴収する税金を、国税分も含め、せめて震災から5年間だけでも神戸市の税収にして自由に使えるようにしてもらえたら。そうしたら、震災前を超える税収が確保できるよう神戸を復興させ、結果的に国の財政も潤してみせるのに…」。ちなみに、阪神大震災が発生した1995年度、神戸市域の税収は約1兆3000億円。このうち、神戸市税分は19％にすぎず、兵庫県税分も16％。残りの65％を国が吸い上げていました。

◇補助金の弊害

日本の補助金制度は、過度の中央集権で自治体や市民の自主性を損なう、などと言われています。主な弊害を整理すると、次のように列挙できます。

第1に、補助金の獲得や配分で手続きが面倒なことです。このため、国は、本来の国政を展開するよりも、自治体へ補助金を分配することに力を入れます。一方、自治体は、補助金獲得に奔走します。

第2に、縦割りの弊害が顕著になります。日本では、補助金は各省庁がバラバラに支給しますから、似たような事業が省庁ごとに生まれますし、自治体の総合行政を阻害します。

第3に、補助金を獲得するために国依存が高まります。しかも、補助金獲得には、各省庁が定める全国画一の厳格な条件に従わなければなりません。事業を実施する自治体は、現場の意向よ

図表９　補助金の主な弊害

1	手間がかかる	国は補助金分配業に陥る。自治体は補助金獲得に奔走する。
2	縦割りの助長	省庁ごとに似たような補助金が生まれ、自治体の総合行政を阻害する。
3	国依存の高まり	自治体は、現場の意向よりも、補助金を支給する省庁に従う。
4	利権構造の定着	補助金をどこに配分するかをめぐって、利権や口利きが生まれる。
5	財政規律の欠如	省庁は「自分のカネ」と勘違いし、自治体は「他人（国）のカネ」と考える。
6	思考停止症候群	自らのまちづくりなどを考えない自治体職員や市民が蔓延する。

りも、全国画一の条件を優先せざるを得なくなります。

第４に、補助金をどこの地域に付けるかという個所付けなどをめぐって、利権や口利きが生まれます。補助金採択の客観的基準はありませんから、個所付けは事実上、担当省庁の裁量で決まってしまいます。省庁の官僚の気を引くように働きかけることが、自治体や民間企業の関心事となります。

第５に、財政規律が欠けることです。補助金を分配する各省庁は、補助金は「自分のカネ」だと勘違いします。補助金の獲得に奔走する自治体は、自らの懐が痛まない国がくれる「他人のカネ」だと勘違いして、「使わないと損」と考え、無駄遣いを助長します。

第６に、何よりも、自治体職員や市民が自らのまちづくりを考えない「思考停止症候群」に陥ります。補助金は全国画一で、自治体の独自性や創意工夫を認めないので、自治体職員が何も考えず、補助金のある施策・メニューをそのまま展開していれば自分の役割は果たしている、と勘違

図表 10　主な交付金制度

交付金名	年度	備考
統合補助金	1998 年度	国の地方分権推進委員会が５次勧告で提案
まちづくり総合支援事業（統合補助金）	2000 年度	再開発、下水道、公園等の補助金をパッケージ交付
地域再生基盤強化交付金	2005 年度	汚水処理、道路、港の３省の補助金を横断的に統合
地域活性化・経済危機対策臨時交付金	2009 年度	地球温暖化、少子高齢化、安全安心などの事業に交付
社会資本整備総合交付金	2010 年度	国交省所管の社会基盤整備関係の個別補助金を一括化
地域自主戦略交付金	2011 年度	ひも付き補助金の段階廃止を目指し民主党政権が創設
沖縄振興一括交付金	2012 年度	投資、経常経費に利用できる沖縄独自の交付金制度
復興交付金	2011 年度	東日本大震災の被災地に支給される交付金

いしてしまいます。

その結果、現場の市民が求める施策よりも、補助金のある施策を優先して実施します。市民ニーズに基づいて政策展開するのではなく、補助金に合わせて政策展開します。市民ニーズが低くても、補助金があるという理由だけで政策が展開されます。

こうした弊害が、大災害時など非常時には顕著となり、被災地に集中して現れます。阪神大震災でも東日本大震災でも、被災地は国の補助制度に復興を合わせることを強いられました。その結果、国が膨大な予算を被災地に投入しても、生活の再建に役立っているという実感が被災者には生まれません。

とはいえ、補助金の弊害はひどすぎるので、平時でも見直しの動きが出てきています。

◇統合補助金

国の地方分権推進委員会は１９９８年の第５次勧

告で、公共事業の補助制度見直しの一環として、統合補助金を打ち出しました。統合補助金とは、国が個別の工事個所ごとに交付していた補助金を、国が自治体にまとめて交付する新たな仕組みです。自治体がメニュー方式で使える補助金です。

これを踏まえ、建設省（現国交省）は2000年度、統合補助金を各種事業に導入しました。代表的なのが「まちづくり総合支援事業」で、再開発、区画整理、街路、下水道、公園建設など、まちづくりに必要な数種類の事業の補助金をまとめて交付します。具体的には、市町村が、一体的・総合的に進めるべき関連事業を盛り込んだ期間5年程度のまちづくり事業計画を策定し、年度ごとに予算要求。これを受け同省は、全事業の補助金総額をまとめ、パッケージ化して交付する、という仕組みです。個所付けなど国の細かい介入を是正する仕組みでしたが、自治体の裁量を飛躍的に高めることはできませんでした。

◇地域再生基盤強化交付金

2005年に施行された地域再生法に基づいて、地域再生基盤強化交付金が創設されました。同交付金は、汚水処理（公共下水道、浄化槽、農業・漁業集落排水）、道路（市町村道、広域農道、林道）、港（港湾、漁港）の3分野で、国土交通省、農水省、環境省の補助金の一部を統合した横断的補助金です。交付金という名称が使われているとはいえ、実質的には各省の補助金の寄せ集めで、実際の支給は各省ごとに交付されるため、従来の補助金とあまり変わりませんでした。

◇地域活性化・経済危機対策臨時交付金

２００９年５月の補正予算で、２００８年秋からの経済危機（いわゆるリーマンショック）を克服するために、地域活性化・経済危機対策臨時交付金が創設されました。同交付金は、自治体が策定した計画に盛り込まれた事業のうち、国庫補助事業の自治体負担分と自治体単独事業に対して交付金を支給する仕組みです。対象となる事業として、地球温暖化対策、少子高齢化社会への対応、安全・安心の実現などを、国は例示しました。

◇社会資本整備総合交付金

国交省は２０１０年度、社会資本整備総合交付金を創設しました。同省所管の自治体向け個別補助金のうち、道路、港湾、治水、下水道、海岸、都市公園、市街地、住宅などを一括した交付金です。自治体にとって自由度が高く、創意工夫を生かせる総合的な交付金として考えられました。「ひも付き補助金の一括交付金化」をマニフェスト（政権公約）に掲げた民主党が２００９年９月に政権を奪取したことに対応した取り組みでした。

◇地域自主戦略交付金

民主党政権は、使途が限定される「ひも付き補助金」を段階的に廃止し、自治体の自由裁量を拡大するための「地域自主戦略交付金」を創設しました。同交付金は、各省庁の自治体向け投資補助金から一部を拠出させて、内閣府が一括して計上し配分する仕組みで、使い道は自治体に任されます。

初年度の２０１１年度は、都道府県分を対象に、国土交通省の社会整備総合交付金の一部や厚生労働省の水道施設整備費補助など8省庁９事業を一括交付金化して、地域自主戦略交付金としました。交付額は５１２０億円（沖縄県向けの沖縄振興自主戦略交付金も含む）です。２０１２年度は、政令市も対象に加えるとともに、対象事業も8省庁18事業に拡充しました。交付額は６７５４億円（沖縄独自の沖縄振興一括交付金を除く）です。

地域自主戦略交付金は、補助金の弊害を見直す大きな一歩でした。とはいえ、「使い道は自由」と言いながら、対象事業は２０１２年度で18事業に限られる上、使途変更も簡単ではなく、手続きも煩雑でした。補助金適正化法が適用され、従来の個別補助金の手続きを基本としており、内閣府への計画提出だけでなく関係省庁への報告も必要でした。自治体の自由度を高めるには、交付金額も十分ではありませんでした。そもそも、同交付金を将来どうするのかが不明確でした。自治体への財源移譲、あるいは地方交付税との一本化など、自治体の自主財源化を目指すのか、それとも自由度を高めた交付金制度として恒久化させるのか、民主党政権は示しませんでした。

２０１２年12月に自民党・公明党が政権奪取すると、地域自主戦略交付金は廃止されました。

◇沖縄振興一括交付金

国は2011年度、地域自主戦略交付金の一環として、沖縄県向けとして沖縄振興自主戦略交付金321億円を計上しました。翌2012年度には、地域自主戦略交付金の対象だった投資的経費・都道府県事業だけでなく、経常的経費・市町村事業も対象とする沖縄振興一括交付金を沖縄独自制度として創設し、1575億円を計上しました。2013年度には1613億円に金額を拡充しました。同交付金は、沖縄県が強く要望して実現した制度で、沖縄県がつくる事業計画に基づいて内閣府が支出する財政支援措置です。これまで「ひも付き」だった沖縄振興予算を、沖縄の裁量で使えるようにしました。沖縄に特区が設けられた時のように、米軍基地が過度に集中している沖縄の特殊性を考慮した措置だと言われています。

◇東日本大震災の復興交付金

2011年度3次補正予算で国は、復興特区法に基づいて、復興増税を財源とする東日本大震災復興交付金を創設しました。自治体が自ら策定する復興プランを踏まえ、復興に必要な各種施策が展開できる、使い勝手のよい自由度の高い交付金と、国は喧伝しました。復興に必要となる補助事業（市街地・農漁村整備、道路、学校など）を幅広く一括化するとともに、自治体の負担を軽減して、自治体主体の復興を支援するのが狙いです。同交付金の事業を行う場合、自治体負担はゼロになります。

復興交付金を使って実施したい事業の計画を、被災自治体は復興庁に申請。同庁は査定して採択する事業と交付金額を決めます。交付金とはいえ、道路整備事業や学校整備事業など5省40事業と関連事業に対象が限定されています。使途が限定される点では「ひも付き補助金」と変わりません。復興庁に窓口が一本化されたと言っても、対象事業を決める権限は各省庁に残ったままで、手続きも現行の補助金と大差ありません。申請は復興庁、問い合わせは各省庁と、被災自治体は二度手間を強いられます。申請事業も、一括ではなく個々の事業ごとに査定されます。

復興庁による初回の交付では、申請分の６割しか同庁が認めず、被災自治体から「復興庁でなく査定庁だ」（村井宮城県知事）などという批判が出ました。また、大量の資料・書類を求められ、被災自治体が相当混乱したといい、「復興庁と調整する時間が無駄であり、各省庁と直接調整させてもらった方がよっぽど復興が早く進む」（同）と憤りました。

こうした批判を受けて国も、２回目以降はできるだけ多くの金額を交付し、使い勝手をよくするように対象事業の拡大など弾力運用を打ち出しました。しかし、国がメニューを設けて、それに適合しているかどうかを国が査定した上で、被災自治体に配分する、という仕組みである限り、被災自治体の嘆きはつきないでしょう。

例えば、被災地の宮城県岩沼市は、津波防御、避難場所、公園、鎮魂の場などの機能をもった「千年希望の丘」の整備計画を進めていますが、２０１４年1月現在で、15カ所の整備計画のうち６

カ所は、復興交付金の対象になっていません。査定する国の考えは、避難場所なら9・9キロの海岸に15カ所もいらないのではないか、などということのようです。岩沼市の位置付けは単なる避難場所ではないのですが、国の考えに適合しないものは、なかなか実現できません。

一方、国が査定して認められなければ復興交付金は交付されませんし、交付されても目的外使用だと国が判断すれば、交付金の返還を国から求められます。一例を挙げれば、復興交付金を使って、防災集団移転促進事業で高台に造成された宅地には、集団移転対象区域に住んでいた被災者しか移転できません。仮に、造成された宅地に空き地ができたとしても、対象外の人に分譲すれば、目的外使用として相当の復興交付金を返還しなければなりません。被災自治体が見積もりを誤ると、巨額の財政負担がのしかかります。そのため、被災自治体は慎重に見積もり、その結果着工が遅れ、着工が遅れると被災者が「もう待てない」と集団移転を止め、さらに見積もりをし直す、という悪循環に陥ってしまいます。

◇問題はカネの規模ではない

復興交付金をめぐっては「使い勝手の良い仕組みに改善してほしい」と被災地の誰もが要望します。つまり、復興交付金の問題点は、国の判断で復興予算を被災地に配分する、という国主導の仕組みにあります。東日本大震災の被災地で復興が進まないのは、復興予算が足りないからではありません。国は震災から5年間で約25兆円を復興事業に投入する計画ですが、こんなに予算はあるのに、被災者の暮らしが戻ったように感じないのは、その予算を被災地が自由に使えないのが最大の理由です。被災地は国に手足を縛られたまま復興に取り組んでいるようなものです。

国主導で予算の規模や使い道を決めるよりも、地方交付税交付金や復興基金のように、使途が自由となる一定の金額を被災自治体に渡して、被災自治体が自己責任で、事業を柔軟に自己決定できるようにした方が、復興が加速化するのは間違いありません。

5　「国の壁」崩す現場の力
=問われる自治体の力量=

大災害が起こると、被災自治体はいつも、画一・硬直的な国の制度に苦しみ、「国の壁」に風穴を開けようと懸命に努力します。その努力のおかげで、少しずつですが、災害復興制度は改善されてきました。首都直下地震や南海トラフ巨大地震などが懸念されている今こそ、「国の壁」を突き崩す現場の力、つまり自治体の力量が問われています。

◇東日本大震災の遺産は何か

これまで見てきたように、阪神大震災当時「絶対に認められない」と国が強硬に反対していたことが、今では当たり前の政策・制度になったケースも珍しくありません。

自治体や市民は、国が「絶対に駄目だ」と反対していても、現場が必要だと思うことは実現を目指すべきです。その努力が、次の被災者を救うことにもつながります。長年にわたる被災地の努力によって被災者生活再建支援制度が創設・改善された結果、以降の大災害で被災者は、同制度を活用し、生活再建に役立てることができるようになりました。

制度を変えるには、国に提案し続け、行動を起こすことしか、活路は開けません。そのために、国の主張を絶対視しないで、▽「国の壁」を突破する気概を持つこと、▽国に依存することを止め自立と自律の気概を持つこと――が、自治体や市民に求められます。国に依存して思考停止に陥ることは、次の大災害の被災者にとっても国民にとっても、けっして良いことではありません。

その意味で、注目されるのが、東日本大震災の被災自治体の取り組みです。被災自治体は、未来の市民や被災者に対し、どんな「遺産」を残すのでしょうか。東日本大震災の最大の遺産は何でしょうか。いくつか思い浮かびます。例えば、震災復興特別交付税の交付です。これによって、自力住宅再建に対して被災自治体が独自に補助するという現金支給の道を広げました。また、復興増税による巨額の復興交付金も大きな成果です。国が査定して配分するという復興交付金の仕組みは大問題ですが、復興増税によって東日本大震災の被災自治体は、地方債を使って復興事業を進めざるを得なかった阪神大震災の被災自治体のように、復興事業の借金返済という後遺症を心配しなくてよくなりました。ただし、いずれも東日本大震災以後も継続される制度にはなっていません。

心配なのは、国の国土強靭化に便乗した巨大防潮堤が、東日本大震災の最大の遺産と言われかねないことです。それでは、未来の被災者を救うことにはなりません。「東日本大震災で被災地が努力してくれたおかげで本当に助かった」と、未来の被災者が感謝するような素晴らしい遺産を後世に伝えてもらいたい、と切に願っています。

◇提案し続けた多治見市長

岐阜県多治見市長だった西寺雅也氏は、市長時代に構造改革特区に提案し続けました。著書「自律自治体の形成」（公人の友社、２００８年）の中で、「制度の枠組みを変更させるため、提案をし続けることは必要なことであり、また、そうした観点から職員が国の制度などについて考える機会として考えれば、無意味なことではないと考えてきた」（85ページ）と振り返っています。

なぜ特区にこだわったか、その理由について西寺氏は、▽市町村の事務事業の中に法令等による制約が多く存在している▽法令が既に時代遅れになっている▽新たな政策を展開するために法令が阻害要因になっている――ことなどを挙げています。

けれども、多治見市の特区提案は、いくつかが「省庁の壁」に阻まれ、ほとんど採択されませんでした。例えば、学校運営協議会制度（各学校に教育委員会を設置し、その権限を与えると考えると分かりやすい）を求める特区の提案は、内閣府で支援する動きもありましたが、文部科学省は一貫して拒否しました。

そんな中で注目すべきは、多治見市からの特区提案を国が退けたにもかかわらず、その後、同様の内容を国が制度化したケースがしばしば見られたことです。例示すれば――。自治体職員の給料に勤務評定の成績を反映させること（給与の反映は行われていたが）を求めた特区は、拒否されました。職務給とともに生活給として給料表を定めているので、それを逸脱してはならない、という理由からでした。にもかかわらず、時を経ず国が公務員法改正でその種の方法を導入しました。育児休業明けの職員などの勤務時間を労働者のイニシアティブで選択できるようにする特区の提案も、拒否した直後に国は、その種の法改正を行いました。マニフェスト配布を認めるようにする特区の提案も、国は拒否した直後に、法改正して実現しました。

国が否定しても、国自身の手によって実現することがあるわけです。

第４章　日本は危機に弱い

＝政治・国土・都市構造の欠陥＝

日本は、政治構造（政治・行政の仕組み）も、国土構造も、都市構造も、危機に弱い体質になっています。日本の危機対応能力を高めるためには構造転換が不可欠だというのが私の考えです。政治構造は、危機に弱い国主導の官治・集権システムから、現場主導の自治・分権システムへ。国土構造は、地域を疲弊させ東京を肥大化させる東京一極集中から、各地域が自立する多極分散へ。都市構造は、世界一危険な東京をはじめとする巨大都市から、人間が暮らしやすい規模の適正都市へ。それぞれ大転換する必要があります。

1　なぜ危機に弱いのか

＝危機管理に適さない日本の仕組み＝

日本は現在、官治・集権という政治構造、東京一極集中という国土構造、巨大都市という都市構造で形成されています。この構造は危機に弱く、危機管理に適さない仕組みです。官治・集権という政治構造のため、現場が主体性を発揮できず、国土構造と都市構造も脆弱化しています。

◇官治・集権と自治・分権の特性

官治・集権という政治構造は、東京一極集中という国土構造、巨大都市という都市構造を造り出します。官治・集権という政治構造は、国（中央＝オカミ）が自治体に指示するという上意下達を基本とするので、各地域は中央に従属し、地域間で連携することなくバラバラに統治されます。地域は国に依存し、個性を持たずに画一化します。自治体や市民は、自ら考えずに思考停止し、オカミに頼る観客・傍観者になります。

この結果、中央従属社会が生まれ、中央である首都への一極集中が加速します。東京一極集中

図表11　危機管理のキーワード

	危機に強い	危機に弱い	備考
政治構造	**自治・分権**	**官治・集権**	自立した市民(現場)が主体の仕組みは危機に強い
国土構造	**多極分散**	**一極集中**	機能が一点に集中すればするほど危機に弱くなる
都市構造	**適正都市**	**巨大都市**	都市は大規模化すればするほど危機に弱くなる

政治特性	☆現場起点 ☆絆・連携型	★上意下達 ★分割統治型	☆現場に合った政策が作られ、各地域は連携する ★オカミに従い、各地域はバラバラに統治される
地域特性	☆多様化 ☆自立化	★画一化 ★従属化	☆各地域は自立し、個性を持ち多様化する ★各地域は中央に従属し、画一化する
市民特性	☆自ら考える ☆自己解決型 ☆プレーヤー型	★自ら考えない ★オカミ依存型 ★観客・傍観型	☆自ら考えて行動し、自己解決する ★自ら考えず思考停止し、オカミに依存する

という日本の国土構造は、官治・集権という政治構造の反映です。これまでも国は、「多極分散型国土の形成」「均衡ある国土の発展」を掲げ、工業再配置政策、テクノポリス政策、頭脳立地構想、拠点都市法などといった多極分散政策を展開しました。しかし、まったく効果がありませんでした。官治・集権システムに手をつけないため、首都・東京への一極集中は一向に是正されず、むしろますますひどくなっています。多極分散型国土は、今の官治・集権システムでは決して実現することはありません。

巨大都市という都市構造も、官治・集権という政治構造の反映です。官治・集権システムは、各地の個性を尊重し発展させるのではなく、国の指示に従う効率的な都市を造ることを第1に考えます。そして、首都をはじめ、拠点となる大都市に地方の力を集め、都市を巨大化させます。特に、首都である東京は超巨大都市に肥大します。

これに対して、自治・分権という政治構造は、各地域の自立を促し、地域は個性を持ち多様化します。国に依存できないので、自治体や市民は、自ら考えて行動し自己解決を目指すプレーヤーにならざるを得ません。自治体は現場に適合した政策・制度を自らつくり、そうした個性ある自立した地域が自発的に連携します。東日本大震災で、国の指示がないのに自治体や市民が自発的に被災地を支援したのと同じように、「絆」型の連携が生まれます。この結果、自立した地域による連携社会が生まれ、首都以外であっても、個性ある地域が活躍できる多極分散型国土につながります。市民主体のまちづくりが活性化し、暮らしやすい適正規模の都市がつくられやすくなります。

◇官治・集権の構造欠陥

政治・国土・都市の各構造で、官治・集権システムと自治・分権システムのどちらが危機に強いのか、見てみましょう。

政治構造を見ると――。政治は、現場の市民や自治体が自立・自律し主体性を発揮できればできるほど、危機に強くなります。この点、国主導の官治・集権システムは、危機対応に不可欠な現場の力（市民力や地域力）を奪ってしまい、危機に弱い。主体性をなくした、国に従う自治体や市民では、危機対応はできません。これに対して、現場主導の自治・分権システムは、市民や自治体が主体性を持って活動するので、危機に強くなります。（詳細は第5章参照）

国土構造を見ると——。国土は機能が一点に集中すればするほど、危機に弱くなります。日本は、東京一極集中によって、東京が経済的に繁栄する一方、地方が衰退していきます。東京も地方も、防災に不可欠な地域力・市民力が低下し、危機管理能力が急落します。何よりも、一極集中する東京が壊滅状態となれば、日本全体の崩壊につながります。

都市構造を見ると——。都市は大規模化すればするほど、危機に弱くなります。日本はこれまで、小泉純一郎政権時の都市再生政策をはじめ、巨大都市を造り出すような政策ばかりを展開しています。その結果、大都市圏が日本の人口の大半を抱えるようになってしまいました。都市は膨張し続け、中でも首都・東京は超巨大都市になってしまいました。

日本は曲がり角にあり、私たち日本人は岐路に立っています。一つは、これまで通り、官治・集権システムのまま、東京への集中を進め、東京に稼いでもらって、地方は東京に従属する道です。地方は考えることも努力することも不要で楽ですが、現場に適合した個性ある取り組みをすることができません。もう一つは、自治・分権システムに変革して、地方が自立する道です。自ら考えて努力しないといけないので大変ですが、現場に適合した個性ある取り組みが展開できるようになります。

2　脆弱な日本の国土
＝地域力を殺す東京一極集中＝

官治・集権システムは、首都である東京への一極集中を促しています。しかし、この東京一極集中という国土構造は、日本を発展させる上でも、危機管理の上でも、非常に問題です。東京は肥大し、地方は疲弊します。日本列島はひずみ、国土をゆがめ、日本の発展を阻害し、危機に対して脆弱にします。日本全体の危機対応力、さらには被災後の復元力をも弱めます。

しかも、東京一極集中は今も止まりません。東京オリンピックや国家戦略特区など東京への投資を促す政策を国は展開しており、一極集中を逆に加速しています。それは同時に、東京だけでなく、日本全体の危機が高まることでもあります。広がる一方の東京と地方との格差が、災害に対する脆弱な体質を一層顕著化させてしまいます。東京一極集中というアンバランスな国土構造を是正することこそが、最重要の備えだと言えます。

◇日本列島の危険性

日本列島という国土は元来、高い危険性を抱えています。

第1に、地震の源となるプレートが重なり合い、火山も多く、急峻な河川を持ち、雨も降りやすいという、厳しい自然条件を持っています。日本列島は、地震、津波、噴火、洪水、台風、豪雨、山崩れ、豪雪などが起こりやすい形態なのです。特に日本は、世界有数の地震発生国です。1997年から2006年までの統計をみると、マグニチュード（M）6以上の地震の発生回数は、全世界905回のうち2割の187回が日本でした。

第2に、そんな災害が起こりやすい狭い列島に1億人以上が高密度で暮らしているので、危険がより高まります。例えば、本来は住まない方が良い、浸水の恐れのある区域や地盤の弱い区域にも、住宅などが建っています。

第3に、日本は、食料やエネルギーの自給自足がしやすい大陸の国と比べ、他国への依存度が極めて高い島国です。自給自足はほとんど不可能に近く、この点でも危険を高めています。

◇東京一極集中の脆弱性

危険な日本列島を一層脆弱にしているのが、東京一極集中という国土構造です。
地方では――。東京一極集中は、これまで国土保全機能を担ってきた農林水産業の衰退、乱開発などを招きました。これによって、山や森林、河川、海など自然が荒れ果てています。田畑や里山の荒廃だけでなく、戦後、日本中の山々に大々的に植林した杉林も放置され、保水などの自然維持機能は作動しなくなっています。わずかな雨量で山崩れや土砂災害が発生するなど、人々を危険にさらしています。また、多くの人が東京などへ転出し、農林水産業を支えた人もリタイアしています。地域社会を守る人々は日増しに減少・高齢化し、自主防災などの活動も衰えていきます。このように、日本の国土は、悲鳴を上げており、災害要因を年々拡大しています。

東京では――。懸念されるのが、官庁も民間企業も東京に集中させている中枢機能がマヒすることです。もし、東京が大惨事に見舞われ、震災対応の中枢機能に支障が出たら、被害はさらに広がってしまいます。被害が国内外に及ぶのは免れないでしょう。

◇衰退する地域力

東京一極集中で最も問題なのは、危機対応に不可欠な「地域力」を殺してしまうことです。過疎問題と過密問題を激化させ、自治の基盤である地域社会を壊します。

地方では――。自治活動をしたくても、活動できる人がいないという、地域社会崩壊の危険が高まっています。過疎地域では、住民相互の緊密な関係がつくれないという問題を通り越し、地域社会をつくる人自体が高齢化し、積極的に地域活動できない人ばかりとなってしまいます。その上、独居の高齢者が多いため、住民交流の機会もほとんどなくなります。地域の防災活動もできず、「自助」「共助」は期待できなくなります。最近では、地域の存続が困難な集落を「限界集落」と呼び、その対策が叫ばれています。東京一極集中に伴う人口減で、消滅が避けられない地域が続出するという予測もあります。東日本大震災の被災地を見ていると、被災すれば人口流出が進み、地域社会が衰退・消滅する恐れすら感じてしまいます。

東京では——。地域社会が育たないという欠陥を持ちます。東京では、多くのサラリーマンが、住居地から遠く離れた都心の勤務地へ長時間かけて通勤します。このため、住居地で生活する時間が少なくなります。大多数のサラリーマンは、地域のことに関わりにくくなります。必然的に、地域の消防団活動、防災活動は衰退します。昼に地域にいるのは、商売を営む自営業者や主婦、老人ぐらいです。若い働き手となる、多くのサラリーマンは遠い都心の職場に離れています。大地震が発生した場合、倒壊した家屋の下敷きになっている人を救おうにも、救助する人が不足します。

一方、サラリーマンも大変です。幼い子どものいるサラリーマン世帯では、通勤時間分も含めた長い時間、地域の保育所に子どもをあずけなくてはならず、万が一の時に駆けつけることさえ難しくなります。東京に多い集合住宅では、わずらわしい近所づきあいを敬遠して入居する人が多くいます。また、近年急増した高層マンションでは、高層化によって、一層近所づきあいしにくい状況となります。こうしたことから、健全な地域社会は育ちません。「お互いさま」の絆よりも、「隣は何をする人ぞ」という関係が常態化してしまいます。さらに、高度成長期に形成された郊外のニュータウンでは、高齢化が進み、若者がいなくなる危険が出ており、健全な地域社会がつくり出せないでいます。

◇「終の住み家」さえ確保できない

東京でまともな地域社会が育たないという象徴的な現象が、慣れ親しんだ土地で介護を受け人生を終えるという普通の暮らしができないことです。東京では、今暮らしている地域を「終の住み家」とするのが非常に困難なのです。これでは、地域の絆は生まれようもなく、防災に不可欠な「自助」「共助」の力を発揮することは至難の業です。

東京では、多くの老人が暮らしていますが、介護を受けるために地方に移住する動きが加速しています。特別養護老人ホーム（特養）や老人保健施設、グループホーム、ケア付き住宅など高齢者福祉に必要な施設は、高地価のため東京では確保しにくい状況です。東京では、特養をはじめとするこれら施設は飽和状態となっています。ですから、こうした施設への入居を必要とする人は、東京では、なかなか入居できません。特に低所得者は、行き場を失ってしまいます。そうした人々は、介護などが必要となったら、施設のある地方へ行かざるをえません。例えば、認知症にかかった両親の介護をしたいと思っている東京都民がいたとしても、遠方の特養に入居させるしかありません。しかも、父親、母親を別々の特養に入れざるを得ない事態さえも発生してしまいます。

急速な高齢化に高齢者施設の整備が東京では追いついていません。東京では２０１３年度、特養の空きを待つ待機者は約４万人にも達しています。東京都杉並区は、特別養護老人ホーム（特養）

を区内に確保できないため、静岡県南伊豆町にある区の敷地に同区民向けの特養を整備する計画を進めています。自治体の区域外に特養を開設する全国初ケースとして注目を集めています。また、２００９年3月に群馬県渋川市の高齢者向け住宅で入居者7人が死亡した火災では、東京の生活保護受給者が遠くの施設に漂流している実態が浮き彫りになりました。まさに異常な状況です。

◇防災に必要な国土見直し

以上、東京一極集中の国土構造を見直すことが日本の防災力・危機対応力を飛躍的に高める、ということが理解できると思います。国や企業が、中枢機能を過度に東京へ集中していることが危険をより増やしています。東京一極集中の弊害にもっと目を向け、一刻も早く東京一極集中の流れを変えるべきです。

3　リスク高める巨大都市
＝無秩序に拡大する日本の都市＝

日本の都市は、人々の暮らしや安全を考慮せず、無秩序に拡大し、巨大化しており、危険を増していています。中でも、一極集中が進む首都・東京は超巨大化し、世界一危険な都市になっています。おかしなことに、日本の都市では今なお、危険を生み出す高層ビルを無秩序に建て続けており、巨大都市化を進めています。

◇都市は脆い

都市は元々、危機に弱い体質を持ちます。人口や建物が密集しているのはもちろん、都市だけで自給自足できず、飲料水も食料もエネルギーも他地域に依存しているからです。そのために人間がつくった道路や公共交通機関、情報網、ライフライン（上下水道、電気、ガスなど）を、適切に整備・維持管理・制御しなければいけません。

複雑で繊細な都市基盤を前提に生活が成り立っていますから基本的に、自給自足の生活がより容易な農村よりも、都市の方が危険性は高まります。ライフラインの崩壊、大規模火災、多数の死傷者や避難民の発生、交通と情報の途絶、ビルや家屋の倒壊、液状化現象など、地震災害でよく問題となる事態は、農村よりも都市で、それも都市が大きくなればなるほど一層深刻化します。例えば、農村と違って大都市では、河川や井戸などから水を確保することが困難です。トイレも、空き地に穴を掘って用を足すわけにはいきません。木造密集住宅も多く、広範な地域で火災が発生するのは確実です。ビルのガラスや看板が落下し、付近にいる人々に襲いかかります。１０００万人を超える東京のような超巨大都市になると、さらに厄介な問題が発生します。災害時に帰宅が困難となる帰宅難民、高層ビル・マンションで身動きがとれなくなる高層難民などが問題化します。

◇世界一危険な超巨大都市・東京

これから、巨大都市の危険性を、日本最大の都市である東京の事例で見ていきます。（代表例として東京を取り上げますが、大阪や名古屋はもちろん、他の巨大都市でも、多かれ少なかれ起こることです。例えば、帰宅困難者の問題は、東京だけでなく他の巨大都市でも発生する課題です）

東京は、安全性を無視して利便性ばかりを追求してきたため、超巨大都市化し、極めて脆弱で、世界一危険な都市と言われるようになってしまいました。政治・経済・情報などの中枢機能が集中する東京が被災すれば、想像を超える甚大な被害が出るのは確実です。

ドイツのミュンヘン再保険会社は2003年3月、世界主要都市の自然災害危険度ランキングを発表しました。▽大災害発生の危険性▽建物などの脆弱性▽被害で失う恐れのある資産価値―の3要素を掛け合わせた指数（最大1000）は、東京・横浜（710）がトップでした。2位のサンフランシスコ（167）と比べても実に4倍以上のリスクの高さで、世界で断トツの危険な都市として位置付けられました。

一方、安倍晋三首相は、2020年に開催されるオリンピックを東京に誘致するに当たって、その招致スピーチで「東京は世界で最も安全な都市の一つだ」と述べました。確かに、防犯という点では、他国の大都市より安全なのかもしれません。しかし、災害という点では、最も安全どころか、東京は世界一危険な都市です。東京の危険性を本当に理解しているのか疑わざるを得ません。

国は2013年末、マグニチュード（M）7クラスの首都直下地震で、最悪の場合、死者2万3000人、焼失・全壊61万棟、経済被害約95兆円との想定を発表しました。経済被害額は、国の一般会計予算総額に匹敵する巨額な金額です。また、避難所などで生活する被災者は約720万人（地震発生2週間後）に達し、自宅に戻れない帰宅困難者は最大約800万人に上ると試算しました。世界に類を見ない超過密集積都市である東京で大災害が発生したら、国内外に影響が及びます。政治・経済・情報などのバックアップは欠かせません。しかし、今のところ国は、政府機能が全滅することを想定せず、各省庁は業務継続計画（BCP）の策定も連携も十分ではありません。各省庁に参集できる職員数の把握も不十分なままです。

東日本大震災では、東京は直接の被災地ではありませんでした。にもかかわらず、交通機能が麻痺した程度で、大量の帰宅困難者が発生し大混乱しました。帰宅困難者があふれただけで、災害救助法が適用された異常な都市です。駅前や道路に人があふれ、道路も大渋滞となりました。帰宅をあきらめた人はホテルやレストランに殺到しました。開放された公共施設で夜を明かした人もいました。都心のコンビニエンスストアでは食料品が棚から姿を消しました。

首都直下地震が発生すれば、首都圏では８００万人もの帰宅困難者が発生すると予想されています。仮に「無理に帰宅するな」という呼びかけに多くの人が呼応したとしても、たった1割の80万人が帰宅の途についたら、これだけでも大パニックです。にもかかわらず、国や都が行っている防災対策は、帰宅困難者のための帰宅支援ステーションや避難所の整備、食料品の備蓄、家族や身内の安全を確認する新たな方法の開発など、対症療法ばかりです。８００万人の対策としては焼け石に水です。そもそも、首都直下地震になれば、ライフラインや交通網も止まり、火災が発生し、死傷者であふれかえります。そんな被災現場で、８００万人の帰宅困難者に対応することは不可能です。そんなことは、阪神大震災を振り返り、ちょっとだけ想像力を働かせれば分かることです。

さらに東京では、高層難民にも対処しなければいけません。東京など大都市では、安全性を考えることなく、高層ビルが非常に多く建てられてしまいました。その結果、高層難民の発生が深刻化します。高層ビルは耐震性が強いかもしれませんが、地震に大きく揺れます。停電が発生すると、エレベーターは使えませんし、閉じ込められる危険も高まります。ポンプが動かないため水道も機能しません。また、余震のたびに、高層階から1階まで避難しなければなりません。事実上大地震が発生したら、高層マンションでの生活は不可能です。居住者は高層マンションを捨てて避難民とならざるを得ません。

このほか、巨大都市では、人口が多いのに自由に使える公共用地が少ないため、被災者を受け入れる避難所や仮設住宅が不足するのは確実です。避難所難民、仮設住宅難民さえ出かねません。

◇東京大震災を想像できない

首都直下地震が発生すればどうなるのか、東京大震災の恐ろしい惨状を、人々は想像しようとしません。ほとんどの人が、自ら死ぬことを想定せず、それどころか怪我することさえ想定せず、歩いて帰宅できる、と本気で考えています。

木造住宅密集地域では倒壊家屋があふれ必ず火災が発生します。屋外では、ビルが倒壊し、倒壊を免れたビルからも窓ガラスや看板などが降り注ぎます。被災した街には、血を流したけが人、生き埋めになった人らがあふれ、死体があちこちに散乱する地域も出てきます。地震によって堤防が決壊すれば洪水となり大水害が発生します。特に、隅田川、荒川、江戸川付近の海抜ゼロメートル地帯では壊滅的な被害を受けるでしょう。

地震が平日の昼間に発生したならば、都心で働く人々は、もちろん帰宅できず帰宅難民と化し、こうした危険にさらされます。どこかに避難しようにも、帰宅難民を収容できる避難所は都心にはありません。食料品など必需品も入手できなくなります。エレベーターに閉じ込められる人も大勢出てきます。さらに、行政や企業の中枢機能も崩壊します。

こんな中、仮に生き残ったとしても、必要なモノを確保するのは困難になります。避難所の食料備蓄は、地域住民分ぐらいしかなく、帰宅難民の分まではありません。万が一、営業できる商店があったとしてもすぐに買い占めが発生する上、交通網の断絶によって商品を首都圏に配送することができなくなります。

4　構造改革に踏み込まない日本の防災

＝発生源を抑えずに対症療法に四苦八苦＝

日本の防災は奇妙です。目先の個々の対策ばかりに力を注ぎ、根本的な構造問題を無視しています。東京など大都市では、帰宅難民、高層難民、避難所難民の対策に四苦八苦しているのに、帰宅難民、高層難民、避難者難民を生み出す巨大都市化という都市構造は放置したままです。東京一極集中という国土構造にも、官治・集権システムという政治構造にも手を付けません。肝心の問題発生源を放置して、出現した問題にどう対処するか、という対症療法ばかりに取り組んでいます。危険をつくらないようにするのが防災なのに、危険を自らつくっておきながら、その対策に苦心しています。

◇防災本に欠けている視点

日本では阪神大震災以降、防災をテーマにした市販本が大量に出版されています。市民向け市販本の多くは、災害が発生したら、個人でどう対応したらいいか、を記載したハウツウ本です。例えば、▽台風や地震が多いなど、日本の自然災害の特徴などを説明。▽地形や地盤など、住んでいる地域の特性を把握する重要性を指摘。▽いざという時に備えることを呼びかけ。▽災害が発生した場合の、個人の対処法を伝授。▽巨大地震対策における自主防災の重要性を強調――などという内容になっています。これはこれで意味あることなのですが、自分が助かるにはどうしたらいいか、という技術論中心で、他人とともにどう考えて行動し生き抜いていくか、災害に強い街をどうつくるか、などという記述は希薄です。災害に強いまちづくりについては、都市計画などの専門家向けの市販本でしか取り上げられていません。災害に強いまちづくりは、市民こそが取り組むべき大きな課題のはずですが、市民向け市販本は皆無です。

驚くべきことに、ほとんどの防災本は、政治構造、国土構造、都市構造など構造改革に触れません。中央集権の問題性、東京一極集中の危険性、巨大都市の脆弱性などを、防災の視点で論じた書籍は皆無といっていいほどです。

例外的に目立つのは、地震学者の石橋克彦氏が著書『大地動乱の時代　地震学者は警告する』（岩波新書、1994年）で、「一極集中が東京大震災をまねく」「首都改造より地方分権を」「大地震に耐え抜く分散型国土をつくろう」などと訴えているぐらいです。この視点が今の防災に欠如しており、建物を耐震化すれば、あるいは個々の制度を改善しさえすれば、防災ができる、という誤った考えを助長しています。

2014年2月9日に投開票された東京都知事選挙でも、首都直下地震対策として各候補が打ち出したのは、学校や公共施設の耐震化、首都高速道路などの老朽化対策、避難訓練や物資集積の推進、住宅密集地域の不燃化・耐震化、あるいは自衛隊の活用などにとどまっていました。都市の巨大化を抑制することも、東京への一極集中を是正することも、官治・集権システムを改めることも、つまり構造改革には、誰も触れませんでした。

超巨大都市・東京は危険を増しています。根本的な安全対策のないまま、高層ビルの林立を許し、防災時に貴重な空地となる公園の整備も不十分です。火災に弱い、低耐震の木造住宅も密集しています。小泉政権下の都市再生政策によって、高層ビルが増え、都市は膨張し、危険性はより高まりました。さらに、心配されるのが2020年開催予定の東京オリンピックです。東京への公共投資は確実に増え、東京一極集中と東京の超巨大都市化が加速されるのは確実です。東京では、安全を置き去りにした、規制緩和、再開発、高層ビル建設がいまだに、そしてこれからも進んでいきます。

日本では、巨大都市化を促す政策ばかりを展開し、巨大都市化を防ぐ政策に本腰を入れていません。巨大都市化を促せば、帰宅難民や高層難民が大量に発生するのは誰にでも分かる自明の理です。なのに、帰宅難民や高層難民が出ないように、あるいはできる限り減らすように、都市構造自体を見直すことには関心がありません。

帰宅難民対策としては、「帰宅するな」などというほとんど不可能なことを訴えることではなく、例えば、都市構造を都心集中型から多核分散型に改造することや、都市自体を縮小させることなどを検討すべきです。高層難民対策としては、高層ビルに安全対策を義務付けるなどといった規制強化はもちろんですが、高層ビルの建築を規制することも考えるべきです。都市を市場の欲望に委ねて、高層ビルの建設が続く現状を容認していたら、市民の命を守る防災は不可能です。

◇構造欠陥の改革を

日本の防災は構造問題に無関心です。

政治構造では、現状の官治・集権システム（中央集権体制）に誰も切り込みません。だから、現場の思いが実現できない国主導の官治・集権システムのまま、国が現場を指揮する復興が進められています。地域社会を自立させるためにも、政治構造を自治・分権システムにすべきです。「自治なくして防災なし」です。

国土構造は、東京一極集中によって危険を増しているのは誰の目にも明らかなのに、誰も是正しようとしません。それどころか、東京五輪など東京への集中を促すことを国も自治体も進め、国民もそれを是認してしまっています。

都市構造は、巨大化すればするほど都市の危険は高まるのに、ほとんどの人が巨大化に目をつむっています。今も、無秩序な巨大都市化を進めています。危険を高める巨大都市化を防ぐという感覚がありません。

よく「災害に強いまちづくり」を進めることが重要だと言われます。けれども、「災害に強い政治構造」「災害に強い国土構造」「災害に強い都市構造」については議論の対象にさえなっていません。最悪のシナリオを考え、それに備えるのが防災なのに、シナリオを悪化させるようなことを放置していては、災害を防ぐことはできません。最悪のシナリオにならないよう、構造改革するのが本来の防災のはずです。

第５章　官治・集権から自治・分権へ

＝危機管理の最大の敵、それは「依存」＝

被災地などの努力によって「国の壁」に風穴を開け、不十分ながらも、個々の政策・制度は次第に改善されてきました。問題は、政策・制度の改善を阻害し「国の壁」を形づくっている、官治・集権システムという日本の政治構造（政治・行政の仕組み）です。東日本大震災をめぐる国の対応は「被災自治体が陳情して初めて動く」とも批判されました。けれども、災害対応で国が後手に回るというのは、阪神大震災などでも同様で、繰り返し発生する、いつものことです。国の対応の悪さが問題の本質ではありません。国が権限や財源を握りすぎているため現場に決定権がない、ということこそが問題の根幹です。

明治以来の官治・集権システムは、簡単に言うと「優秀な国の官僚が頭脳となり、自治体という手足を使って、国民を統治する」という仕組みです。オカミ依存を前提としており、考えない自治体職員、考えない住民を大量に生み出してしまいました。自ら考えず判断しないで、他者に依存していては、防災はできません。危機管理の最大の敵は「依存」です。逆に言えば、危機管理の決め手は、市民や自治体が自ら考えて行動する主体性を持つことです。現場の主体性を妨げる官治・集権システムから脱却し、現場主導の自治・分権システムに改めない限り、危機管理は不可能です。

1　官治・集権システムの不合理
＝なぜ国主導ではダメなのか＝

現行の政治構造（官治・集権システムという政治・行政の仕組み）は、なぜ危機管理に適さないのか、それを整理すると、次のような問題点が浮かび上がってきます。

（1）市民と自治体の自立を阻む

官治・集権システムは、被災地を国に従属させ復興を阻む、と同時に、市民の自立、自治体の自立を阻みます。市民や自治体職員を、思考停止に陥らせてしまいます。

◇国のカネに頼る復興

被災地のニーズに制度を合わせるのではなく、制度に復興を合わせる、という不合理が、官治・集権システムにはつきまといます。その弊害が、大災害になると顕著に現れます。

阪神大震災では、被災地・神戸市西部の新長田地区で再開発が実行されました。その再開発は、震災で焼け野原になった新長田地区を大規模に改造して神戸の副都心として復興させる構想でした。神戸市が進めた、約２７００億円にも及ぶ大規模事業でした。地元被災商店主らは当初、街の復興を再開発事業に託し、借金をして再開発ビルに店を構え入居しました。阪神大震災から２０年近くたった今、新長田地区には、真新しい再開発ビルが建ち並んでいますが、副都心化という見込みは外れ、再開発したものの集客が進みませんでした。再開発ビルは、テナントが集まらず、入居したテナントも撤退し、シャッターが閉まったままの空室が目立っています。不動産価値は暴落し、商店主の経営を直撃しました。地元被災商店主らが商売をあきらめて撤退しようとしても、再開発ビルの資産価値は激減したため、売却しても借金だけが残るという有様になりました。「やめたくてもやめられない。売りたくても買い手がない。貸したくても借り手がない」という八方ふさがりの状態に陥ってしまいました。大規模公共事業に依存した神戸の復興の象徴的な失敗事例と言われています。なぜ、こんな不相応な大規模再開発を進めたかと言えば、震災後ならば再開発の事業費の大半を国の補助で賄える、という制度的な背景があったからです。

これと似たように象徴的な事例が東日本大震災でもありました。第1章で述べた、防潮堤ありきの復興まちづくりです。国の通知をもとに被災地の県や市町村が防潮堤の高さを決め、復興予算の期限が切れる２０１５年度までに事業を進めようと、防潮堤を急いで整備しようとしています。

東日本大震災でも阪神大震災でも、国の予算が獲得できる大規模な再開発事業や防潮堤整備事業を、行政が強行しています。行政は、住民のため、住民の生命を守るため、などと主張して、あるいは、自らの主張が正しいのだと勝手に決めつけて、国の予算が付く大規模事業を進めます。その結果、被災地の地元住民の声は後回しにされています。このように被災地の復興に対して、国が予算面で事実上関与する仕組みは、被災現場のためになりません。こうしたことを許す現行の官治・集権システムはおかしいのです。

◇復興査定、被災地に「厳格」、身内は「大甘」

東日本大震災で国は、復興交付金を被災自治体に配分するのに当たって、「復興増税による公金なので、使い道は精査する」としました。その結果、復興交付金を被災自治体に最初に配分する際、復興庁は、多くの制約を付けて被災地への交付を抑えたため、被災自治体から「復興庁は査定庁か」などと猛反発を受けました。

その一方で、国の各省庁は、1兆円を超える復興予算を、被災地の復興とは直接関係のない事業に流用しました。２０１１、２０１２年度の復興予算をめぐっては２０１２年秋、反捕鯨団体の調査捕鯨妨害対策、被災地以外の国道整備や税務署耐震化などに計上されていたことが批判を浴び、国は35事業１６８億円分を「被災地と関連性が薄い」として凍結しました。ただ、復興予算のうち被災地以外で使われたのは約２兆円に上り、既に予算を使ってしまった事業も多く、凍結はわずかでした。その後さらに、自治体の基金などを通じて、被災地と無関係な事業に回っていた事実が新たに発覚。復興予算が目的とかけ離れた事業に使われている実態が明らかになりました。

こうした状況を見ていると、国は、被災自治体に対しては上から目線の「厳格査定」、身内の省庁に対しては「大甘査定」を行っていたと映ってしまいます。さすがに、その後、被災自治体への厳格査定は多少緩められましたが、復興増税による復興交付金を自分のカネであるかのように扱う国の姿勢は変わっていません。

納税者や国民に対して、無駄遣いをしない責任を負うのは当然です。でも、被災地の復興のために国民が支払う復興増税を、なぜ国が使い道まで細かく決めるのでしょうか。国は過ちを犯さない絶対的な存在ではないはずですし、国だけが納税者や国民の代弁者ではないはずです。無駄遣いをしない責任は、国ではなく、被災自治体が自ら負えば済む話です。国が使い道を精査するのではなく、自由に使える財源として復興増税を被災自治体に渡せばいいはずです。国が現場主義というのなら、現場（被災自治体）が自己責任で自己決定できる仕組みにすべきです。国が自治体を査定する仕組み自体が問題です。

◇官治・集権の最大の欠陥

国と自治体との関係は、２０００年の地方分権一括法によって法制度上は、上下・主従から対等・協力に変わりました。しかし現状は、上下・主従の関係が続いたままです。官治・集権システムから脱却できていないからです。

国はいまだに、平時はもちろん、東日本大震災のような非常時であっても、官治・集権の発想で、「自治体は国に従え」と言わんばかりです。自治体の自主性を無視する姿勢を変えていません。例えば、国は、復興財源確保のため、国家公務員の給与を２０１２年度からの2年間平均７．８％引き下げましたが、それと同等に、地方公務員の給与削減を求めました。そのために、地方交付税を減額して自治体を「兵糧攻め」にしました。事実上の強要です。対等・協力の関係とはとても言えません。自治体の中には既に、国に先駆け国以上に行政改革を進めているところも多くあります。そうした自治体は、国に査定されるいわれは全くない、などと反発しました。

ただし、対等・協力の関係にならないのは、国だけのせいではありません。自治体も多くは、オカミに対して妄信的に追従する指向が強い。市町村は県に、県は国にもたれ掛かります。問題解決策を自ら考えずに、オカミの下知を待ちます。市民のために現場の課題を自ら解決しようという、自治体としての当然の責務を放棄しているかのようです。現場の課題を自己解決するという心構えを、今の多くの自治体には見いだし難い状況です。

換言すれば、このような自ら考えず行動しない自治体を噴出させてしまったことが、官治・集権システムの最大の欠陥といえるでしょう。主体性をなくし、自ら考えずに国に従う「受け身」の自治体職員が全国に蔓延してしまいました。

（2）国の行政の構造欠陥

日本の政治構造は、国が主導する官治・集権システムです。ところが、国の行政は、どうしても克服できない構造的な欠陥を抱えています。中でも、危機管理では、その構造欠陥は致命的となります。大災害が発生すると、平時にはあまり表面化しない官治・集権システムの弊害が顕著化して、被災地は右往左往してしまいます。

図表 12　国と自治体の行政特性

国の行政の構造欠陥（現場から遠い）			自治体の行政に期待できる特性（現場に近い）		
全国画一	低レベル行政	全国適用の政策・制度を設計	**地域個性**	現場直結行政	自治体は地域事情を反映できる
省庁縦割	バラバラ行政	省庁ごとに政策・制度を展開	**地域総合**	ヨコ連携行政	自治体は部局間で連携しやすい
時代錯誤	後追い行政	新たな課題への対応が遅れる	**地域先導**	迅速行政	自治体は素早く対応しやすい

かりやすいと思います。

◇全国画一、省庁縦割、時代錯誤

国の行政の構造欠陥については、次のような松下圭一法政大名誉教授の整理が非常に的確で分かりやすいと思います。

第1に、「全国画一」です。国の行政は、国内全域に適用するため、全国画一の基準を設定せざるを得ません。しかし、全国画一の基準ではどうしても無理が出ます。例えば、東日本大震災の復興でも、被災地によって事情は異なります。被災地といっても、利用できる土地があり企業誘致や住宅再建がすぐに進められる所と、高台移転や区画整理などによって利用できる土地がほとんどない所とでは、同じ基準で対応できません。後者の被災地では、仮に企業誘致などの優遇措置を国が設けても、土地がないので使えません。被災市町村からは「被災地全体で統一した対応を取るため、個々の市町村の特殊性に対応できていない面があり、各市町村の特性を生かした事業がなかなか国は認めてくれない」「被災市町村によって地域事情が異なる。柔軟な対応が必要だ」などの声が出ています。国の行政は、例えて言えば、太っている、やせている、背が高い、背が低いなど、多種多様な自治体があるのに、画一の「既製服」を提供しているようなものです。提供された自治体は、その既製服に無理矢理合わせないといけません。

第2に、「省庁縦割り」です。国の行政は、省庁ごとにセクショナリズムを持ち、省庁バラバラの施策が展開されます。この欠陥は説明するまでもなく、国民の誰もが痛感していることでしょう。道路と言っても、高速道路、農道、林道などで所管省庁が異なりますし、幼稚園は文部科学省で保育所は厚生労働省です。被災者の住宅政策も、仮設住宅は厚生労働省、公営住宅は国土交通省、被災者生活再建支援金は内閣府と、縦割りで分断されています。東日本大震災福島第一原発事故の被災地では、家畜1頭を動かすのにも関係3省との協議が必要となりました。大災害時に毎回、復興庁のような総合官庁が必要だと議題に上るのは、省庁縦割りという国の構造欠陥の証明、あるいは裏返しでもあります。

第3に、「時代錯誤」です。国の行政は、新たな行政課題が全国的に問題化して初めて、法令の改正や新法の制定などに乗り出し、その行政課題に対応します。しかも、複数の省庁にまたがる行政課題については、関係省庁の調整が必要となり、それにも手間と時間がかかります。したがって、必ず「後追い」行政になってしまいます。大災害に遭うと毎回「災害対応で後手に回った」などと国が批判されますが、ある意味、それは国の行政の宿命なのです。

このように、国の行政は、どうしても改善できない構造欠陥を抱えます。国の行政は現場の課題に即応できません。国は現場から遠く、国の官僚は基本的に東京の霞が関のデスクで仕事をしています。このため、全国各地で発生する多種多様な行政課題や市民要求に対して、どうしても把握するのに時間がかかります。把握できたとしても、国の行政は、国内全域に適用できるようにしないと動けないので、必然的に対応が遅れます。また、国の行政は、国内全域で同レベルの行政を展開しなければならないため、優秀な自治体の高レベルの行政ではなく、遅れた自治体の低レベルの行政に合わせざるを得ません。仮に、素晴らしい行政を素早く実行できる自治体があったとしても、それは生かされません。国の行政は、地域の生活実態からかけ離れた全国画一の「低レベル」行政になってしまいます。

◇自治体の行政特性

これに対して、現場に近い自治体の行政特性は、次のような利点を持ちます。

第1に、「地域個性」です。国の全国画一行政に対して、自治体は、それぞれの地域の事情や条件に適合した施策が展開でき、地域個性を生かした行政が実施できます。いわば、全国画一の「既製服」に無理矢理合わせるのではなく、「オーダーメード」のように、自らの個性に合わせて服を作り着ることができます。

第2に、「地域総合」です。国の省庁縦割り行政に対して、自治体は、タテに割れた国の行政をヨコに統合し、その地域に適合した総合行政が展開できます。

第3に、「地域先導」です。国の時代錯誤行政に対して、自治体は、その地域が本当に必要としている施策を素早く開発し実行できます。市民が困っていることを最も理解できるのは、現場に近い自治体、特に市町村です。全国的な課題にならないと対応できない国に頼っていたら、いつまでたっても、その地域の行政課題は解決できません。

自治体が先導して先進施策を展開すれば、時代錯誤という宿命を持つ国の行政を改善する契機になります。ある自治体が先導した先進施策の結果を見極めた上で、他自治体や国は同様の施策を展開すべきかどうか判断できます。ここから、国の低レベル全国画一行政を待つのではなく、独自に先進施策を実行できる自治体はどんどん先行したらよいのではないか、という自治・分権の考え方が自然に登場します。

実際のところ、「先進自治体が国政を先導するモデル」が日本では既に定着しています。つまり、国が政策・制度をつくり、それを自治体が実行するという従来型の「国↓自治体」モデルではなく、先進自治体の施策を取り込んで国が政策を制度化し、全国自治体に波及させる「先進自治体↓国↓他自治体」モデルが一般的になっています。

最近、耳目を集めた事例でいえば、横浜市の待機児童対策です。２０１０年４月に待機児童数が全国ワーストだった横浜市は、予算の集中配分や民間企業の参入などを進め、３年間で「待機児童ゼロ」を実現しました。国の対策が不十分な中、国自体が、待機児童ゼロを実現した横浜市の取り組みを大々的に紹介。「横浜方式」として全国から注目を集め、他自治体の「参考書」となりました。国（厚生労働省）も横浜市の事例を参考に保育施設整備の支援策などを打ち出しました。

もう一例を挙げると、空き家対策です。全国では、老朽化して放置された空き家が増加していますが、空き家は危険です。地震や台風で倒壊しかねない上、不審者が入ったり、放火される恐れが高いからです。また、街の景観も損なわれます。人口減少が進む日本で今後、深刻化する問題となるのは確実です。しかし、法律の制定をはじめ、国の対策はまだ進んでいません。これに対して、先進自治体は空き家対策条例を制定して、対策に乗り出しています。埼玉県所沢市が２０１０年に制定したのを皮切りに動きは広がり、２０１３年までで３００近い自治体が制定しています。雪で倒壊しそうになった空き家を行政代執行で強制的に解体したケースなど、実績を上げています。

この動きを踏まえ、国レベルでも、ようやく空き家対策が検討されています。自民党が、老朽空き家対策として特別措置法案をまとめました。２０１４年の通常国会に議員立法で提案、成立を目指すと言います。一方、空き家対策に踏み出していない自治体は、「国の対応待ち」というところが多いようです。まさに、先進自治体が考えた対策を参考にして、国が制度化し、全国の自治体に波及させる、という構図そのものです。

◇官治・集権の非効率性

次に、国主導の官治・集権システムが、いかに非効率か、見ていきましょう。官治・集権システムと自治・分権システムとの政治構造の違いを単純化したイメージ図が**図表13**です。手間のかからない、自治・分権型の優位は一目瞭然です。

官治・集権システムは、現場から遠い国が決定権を握る仕組みです。その結果、現場で課題が発生しても基本的に、「現場↓市町村↓都道府県↓国」と上げ、国の決定を待たなくてはなりま

図表 13　政治構造イメージ図（官治・集権型と自治・分権型）

【パターン１】官治・集権型＝国主導型＝国が決定権を握る

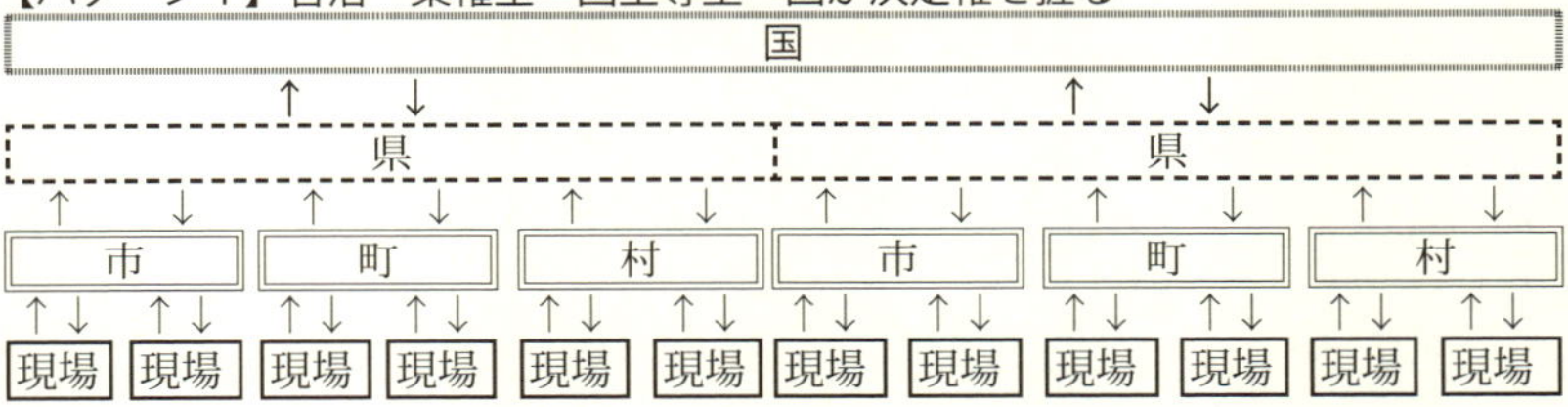

・現場の課題を、市町村→県→国へと上げ、国の決定を待たなくてはならない。
・現場から遠いため、全国画一、省庁縦割り、時代錯誤という弊害を持つ。
・国への書類づくりや承認手続きなどが煩雑。手間がかかり高コスト。
・現場のニーズに適合した対策を早期に打ち出すことは難しい。"

【パターン２】自治・分権型（２）＝県主導型＝都道府県が決定権を握る

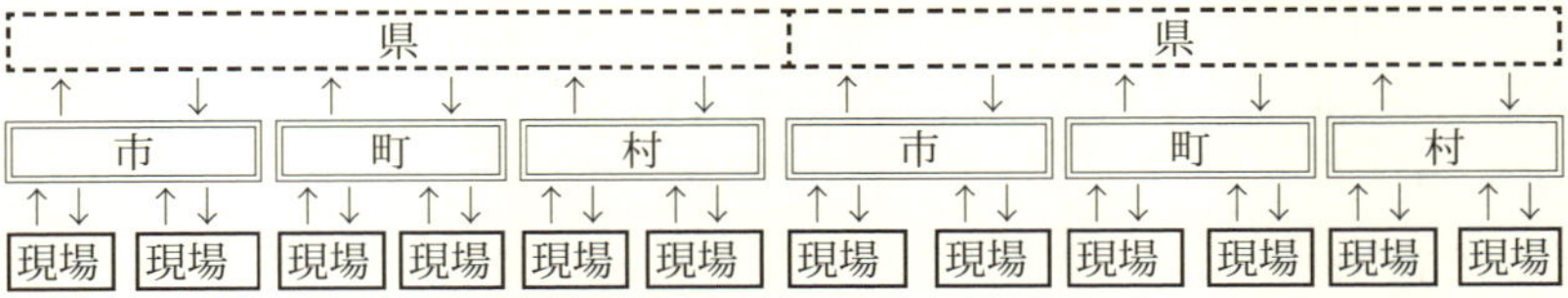

・パターン１とパターン３の中間型。
・パターン１とパターン３それぞれの弊害と利点を持つ。

【パターン３】自治・分権型（１）＝市町村主導型＝市町村が決定権を握る

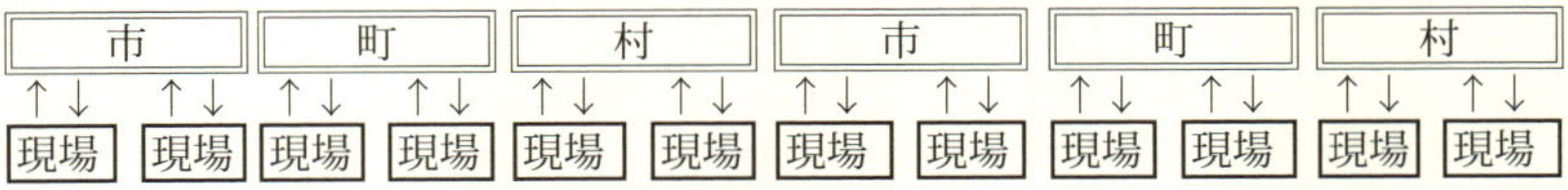

・市町村の自己決定・自己責任で対策を実行する。
・現場に近いため、地域個性、地域総合、地域先導という利点が期待できる。
・国や県への書類づくりや承認を得る必要がなく、手間がかからず低コスト。
・現場のニーズを的確に反映した対策が迅速に展開しやすい。

せん。国が決定した政策・制度は「国↓都道府県↓市町村↓現場」へと降ろされ、実行されます。これら過程で、市町村や都道府県は、国へ提出する書類づくりや陳情、煩雑な手続きに対応しなければなりません。もちろん、これまで述べたように、国の政策・制度は、全国画一、省庁縦割り、時代錯誤という弊害を持ちます。このため、現場のニーズに適合した対策を早期に打ち出すことは困難です。（**図表13**の「パターン1＝国主導型」）

一方、自治・分権システムは、自治体（都道府県、市町村）が決定権を握ります。より現場に近い「市町村主導型」（**図表13**「パターン3」）を見ると、現場の課題を解決するため、直近の自治体である市町村が、自ら対策を決定し、その結果に責任を持ちます。「現場↓市町村↓現場」という簡単な手続きで、対策が打ち出せます。国や都道府県に対する書類づくりや承認手続きも不要となり、手間がかからず低コストです。現場に近いため、現場のニーズを的確に反映した政策・制度を迅速に策定し実行しやすく、地域個性、地域総合、地域先導という利点が発揮できます。

大災害が発生すると、被災地から必ず「国と被災地との距離があまりにも遠い」という嘆きの声が出ます。ここで言う距離とは、地理的な遠さではなく、現場の実情や課題、ニーズなどへの関心が、国と被災地とで開きすぎているということです。日本では、被災地の復興政策・制度を国が決めて被災地に降ろすという国主導型のため、齟齬が生じてしまうのです。国と被災地との距離はできる限り縮めるべきですが、これまでの大災害の例をみていると、最初から縮まらないものだと覚悟すべきでしょう。それよりも、国と被災地との距離が遠くても、国に依存せずに、現場で実行できることを増やす仕組みこそが必要です。その仕組みが、自治・分権システムの市町村主導型です。

もちろん、これらはイメージであり、全ての事務が、市町村で完結することはありません。国、都道府県、市町村には、それぞれの役割があります。問題は、日本の場合、ほとんどに国が決定権を握っていることです。官治・集権システム、つまり**図表13**の「パターン１＝国主導型」を基本に、日本は運営されています。

このように、官治・集権システムは、「現場→市町村→都道府県→国→都道府県→市町村→現場」という過程で政策・制度が実行されるため、高コストで手間がかかります。国が絶大な権限と財源を握っているため、自治体は、幾度となく霞が関に足を運ばなければなりません。特に、年末の予算編成時期になると、自治体からの陳情団が大勢、中央省庁を訪れ、頭を下げます。陳情の当たっては、膨大な資料づくりが必要で、陳情を実現するための手間と手続きも煩雑です。官治・集権システムは、全国画一、省庁縦割り、時代錯誤という国行政の構造欠陥を放置するだけでなく、高コストで手間がかかるのです。

2　決め手は、自ら考え行動する主体性
=市民自治なくして防災なし=

官治・集権システムは、主体的な市民や自治体を育てません。国依存の自治体、行政依存の住民を蔓延させてしまいます。その結果、現場主導の危機対応ができなくなります。現場主導でないことが、日本の防災の最大の問題点です。

(1) なぜ現場主導が必要なのか

危機対応や防災は、なぜ現場主導でなければならないのでしょうか。この基本的なことを理解していない人が多いような気がします。国の権限を強化すれば危機管理ができる、と勘違いしている人さえ結構多くいます。

◇即時対応、現場熟知、自主自立

図表 14　防災における現場主導の必要性

自主自立	誰かが何とかしてくれる、では防災は成り立たない
即時対応	地域の人材や資源を素早く把握・投入することが必要
現地熟知	被災地の実態に即して対応することが不可欠

図表 15　市民の主体性と受動性

主体的市民	自ら考え判断し、主体的に行動する	危機に強い
受動的住民	自ら考えず、受け身となり行政に依存する	危機に弱い

危機対応や防災に現場主導が必要な理由は、次の３点に整理できます。

第１に、被災現場で「即時対応」する必要があるからです。大災害が発生したら、限られた時間内に限られた人員で対応しなければなりません。その地域の人材や資源を把握して素早く投入して、被災者を救済する必要があります。こんなことは、現場の自治体でしかできません。緊急時に即応能力が求められるのは、パトカー、消防車、救急車など緊急車両が一刻も早く現場に到着することを重視するのと同様です。だから、現場到着時間の目標や実績を「10分以内」などと設定しています。

第２に、被災現場のことをよく知る「現地熟知」の力が必要だからです。地域の地理や実情などを熟知していないと、的確な対応はとれません。大災害時には、被災地の実態に即して対応することが不可欠となります。例えば、昼は世帯主が留守のサラリーマン世帯が多い地域か、普段から地域活動を活発に展開する住民が多い地域か、などで対応は変わってきます。重度の障害者がいる地域、あるいは高齢者が多い地域ではより手厚い支援が必要になります。こんなことは、地域に密着した市町村にしかできません。

第3に、自らの生命と生活は自らが守るという「自助」から出発しないと、つまり現場起点を前提にしないと、防災は成り立たないからです。現場の市民や自治体が「自主自立」して、思考・行動することが必要不可欠だからです。他者に依存する「受け身」では危機に対応できず、「誰かが何とかしてくれる」では防災は不可能です。自ら何もしないで他人任せにする体質（オカミ依存）をなくすことが、最大の防災だと言えます。言い換えると、現場の市民や自治体が自ら考え判断し主体的に行動することによって初めて防災が機能する、ということです。（第1章「釜石の奇跡」を参照）

国も含めて行政は全知全能ではなく、限界があります。はっきり言えば、大災害発生直後は、行政は頼りになりません。阪神大震災で建物の下敷きになった人の8割は、家族や近隣住民などによって助けられました。大災害に対応するには自治体も国も手が足りません。大災害に備えるために、全ての被災者を助けられるだけの大量の職員を、行政機関が平時から用意して雇っておくことは不可能です。だから、防災では「自助」（自主自立）が強調されます。

防災の根幹は、自らの生命と生活は自らで守ること（自助）を起点にすることです。自助で対応できないことは、共助（市民協力）、そして公助（行政支援）で補完します。要するに、自らのことは自らが行い、自らできないことを地域や社会（ボランティアや団体・企業）が行い、次いで自治体や国が補完する。こうした「補完性の原理」に基づく自治・分権型の仕組みでないと、大災害には対処できません。

ちなみに、「補完性の原理」とは、身近なことは身近な主体・政府で対応し、それでできないことを広域の政府が順次補完していく、という原則です。つまり、「市民でできることは市民でやる。市民でできないことは政府でやる。政府が行う順番も、まずは基礎自治体（市町村）がやり、基礎自治体ができないことを広域自治体（都道府県）がやり、さらに国がやり、国を超える地球規模のことは国際機構がやる」という流れになります。現場起点の自治・分権システムの基本となる原則です。

防災には、自ら考えて判断し主体的に行動する「自主自立」の精神が必要だ、と指摘しましたが、これを想像力と創造力という言葉で言い換えることもできます。

まず、「自ら考え判断する」とは、「想像力」を発揮することです。自ら考えない思考停止状態では、災害対応は不可能です。大災害で対応を誤った国や自治体のリーダーはよく「想像力が欠如していた」と批判されます。例えば、大災害ではよくある事例ですが、被災地をすぐに支援せずに批判を浴びた国や自治体は「被災地から支援要請がなかったから支援に行かなかった」などと言い訳します。しかし、想像力があれば、被災地からＳＯＳの発信がなくても助けは必要なはず、と被災地の身になって自ら考えることができます。災害が大きいほど被災地は情報発信できないから、「支援要請できないほどの大きな被害を受けているのではないか」と機転を利かすことができます。

図表16　危機管理に必要な力

想像力	自ら考える力	←→思考停止（自ら考えない）
創造力	考えたことを自ら実行する力	←→傍観（自ら実行せず他者の行動を見ている）

次に、「主体的に行動する」とは、自ら考えたことを実行し実現する能力「創造力」を発揮することです。自ら行動しない傍観者では、災害対応は不可能です。前の例で言えば、被災地からのＳＯＳがなくても支援に向かうという決断を素早く下し、被災地からの要請を待たずに直ちに先遣隊を被災地に派遣し情報収集して、押しかける形ででも支援に乗り出すことです。

◇米国の危機管理も現場主導

非常時の体制を強化するというと、国の権限を強くして一元的に指揮命令することばかりが注目されます。中には、米国など大統領制の国と違い、日本は議院内閣制で首相の権限が弱いから、大災害の対応ができない、などという主張さえ出てきます。また、東日本大震災では、市町村が一時機能マヒに陥ったため、国や県に非常時の権限を移管すべきだという意見が出ています。

そういう人にとっては意外なことかもしれませんが、現場の実態を知れば知るほど、本当に必要なのは、現場の力を強くすることだと実感します（第1章の「被災首長の訴え」などを参照）。確かに、被災直後、被災市町村が壊滅状態になれば、県や国が補完し、救助業務などを代行するのは当然です。職員の4分の1が死亡・行方不明となった岩手県陸前高田市は被災直後、一時機能不全に陥り、自衛隊の活動によって助けられました。それでも同市は、被災者救済のために、間違いなく県や国以上に努力し行動していました。東日本大震災で市町村は大きな役割を果たしました。特に、原発事故のあった福島県内の市町村は、東京電力や国からの情報が全くない中、独自の判断で住民を避難させました。災害救助法の主要業務を市町村に委託しなければ事務処理ができないという現実を見れば、県や国が救助業務の主体となるのは無理があります。市民直結の事務は市町村以外にはできませんし、現地を熟知していない国や県が即時対応することは不可能です。

ちなみに、大統領がトップダウンで統制しているとみられがちな米国でも基本的に、災害現場の指揮は地元自治体（郡あるいは市）がとります。州政府も連邦政府もその指揮下で活動します。連邦政府の責任は、被災自治体の活動を支援することです。被災自治体が連邦政府に望むのは、自治体の財政規模を超える復興経費の負担です。中央集権的な指揮統括は求めていません。つまり、現場の自治体が災害対応をコントロールするのが、米国の仕組みです。米国では、大統領が一元的・強権的に指揮命令するとみられがちですが、危機管理の基本は現場主導です。

もし、国のリーダーが強権を持ち一元的に指揮命令すれば危機対応が強化される、というのであれば、独裁政治が最高の危機管理となります。しかし、そうでしょうか。例えば、独裁政治の北朝鮮の方が日本よりも危機に強いといえるのでしょうか。独裁政治は、権力者の都合が優先され、庶民は切り捨てられます。独裁政治が守るのは庶民ではなく、自らの権力です。インド出身のノーベル経済学賞受賞者アマルティア・セン氏は「民主政治の国では餓死者が出るような飢饉は発生しない」と指摘しました。飢饉という危機が発生した場合、国民の飢餓を防ごうという安全網が民主政治ならば機能します。

独裁政治と民主政治のどちらが危機に強いのか、と問われれば、民主政治だと断言できます。同様に、強権ばかりに期待するのは、行政に限界があることを自覚せず、行政万能を前提とした幻想に過ぎません。

東日本大震災をはじめ、これまでの大災害の教訓は、現場における市民力（自助）と地域力（共助）を強化することが大切だということです。市民力と地域力は、自ら考え行動する主体的な市民がいないと生まれません。必要なのは、国の強権よりも現場の力です。

（2）なぜ市民自治が必要なのか

では、現場主導を実現するためには、どうしたらいいのでしょうか。そのためには、現場起点の市民自治を基本にした政治構造（自治・分権システム）にするしかない、と私は思います。主体的に考えて行動する市民がいてこそ、地域の防災力も自治体の防災力も高まり、防災・危機対応は可能となります。主体性を育むことこそが、防災教育の肝要であり、危機管理の基本であり、民主政治の原点でもあります。

◇受け身になった日本人

「日本人は主体性をなくした」という防災関係者の声をよく耳にします。第1章の「釜石の奇跡」でも触れたように、悲しいことに、日本人は自分の命を守ることにも「受け身」になってしまっているかのようです。日本人一人ひとりが自ら考え判断して主体的に行動することを忘れてしまったかのようです。そうなった最大の理由は、官治・集権システムが市民や自治体の自立を妨げ、日本人の依存心を強めてしまったからだと思います。

第1に、防災は「行政主導の防災」に陥っています。行政主導の防災を展開している結果、住民は自ら考えて行動しないで行政依存を強めています。官治・集権システムでは、市民を主役にしない、上からの「親切」行政になってしまうため、防災対策を手厚くすればするほど、住民の依存心を逆に強めてしまいます。住民は「防災は行政の仕事で、自分は関係ない」と思ってしまいます。多くの人が、巨大地震などに対しても「国や自治体が対策を立てているから、被害はないだろう」あるいは「誰かが助けてくれる」などと、非現実的な依存心を持ってしまいます。

第2に、行政は「国主導の行政」に陥っています。自治体は国依存から抜け出せず、自らの地域の課題を自己解決しようとしません。市民に向き合うことよりも、国の顔色を伺うことに努めるばかりです。自治体職員は、自ら考えない思考停止症候群に陥っています。

かつて日本では、行政は国や自治体の役目であり、市民が行政を担うという発想がありませんでした。それどころか、市民とともに行政を展開することさえ考えられないことでした。

防災の分野でも、行政が災害の被害想定をしてその被害を防ぐ責任を負う、という考えが支配的でした。災害に立ち向かうのは行政で、住民は行政の庇護を受ける客体でした。だから、行政は、災害に対する事前の被害想定を小さくして、災害対策費を抑えようとする傾向さえありました。阪神大震災で神戸市も「被害想定を小さくして災害対策に手を抜いたから被害を拡大させた」などと批判されました。

こうした行政主体の考え方を変える転機となったのが、1995年1月の阪神大震災でした。阪神大震災では、行政の限界が明白になりました。行政だけでは大災害に立ち向かえず、行政に頼っていては生命さえ守れないことが分かりました。市民ボランティアが大活躍し、1995年は「ボランティア元年」と呼ばれました。それが契機となって、1998年にはNPO法（特定非営利活動促進法）も制定されました。

その結果、行政の分野では今や、市民参加は当たり前になりました。NPOなどの民間団体や市民が行政を担うことは普通の光景です。国や自治体も「協働」という言葉をしきりに使うようになりました。国や自治体自らが市民との連携を進めています。

防災の分野でも、市民、団体・企業、自治体、国、国際機構など多種多様なプレーヤーが自主的に連携して支援・対応する、という考えに変わりつつあります。それを反映して、「自助」「共助」「公助」という言葉が普及しました。「自助」とは自分で自分の命を守ること、「共助」とは市民や地域、団体・企業などが連携して互いに助け合うこと、「公助」とは国や自治体が公的支援すること、という意味で使われます。今や、「自助」を基本に「共助」の仕組みを整備して「公助」で補完する、という考えが浸透しています。

◇危機に出現する「自治の原型」

一般的に、危機が発生して国や自治体などの行政機能が崩壊した時、「自治の原型」が出現します。政府の行政機能崩壊によって、市民自らが対応するしかないからです。

阪神大震災の時も、自治の原型とも言うべき市民活動が前面に出ました。避難所生活のルールが現場で生まれましたし、避難者のリーダーが現場で登場しました。現場では、自分たちが考えて作ったルールを守りました。避難所となった小学校などでは、子どもを通じた知り合いも多い上、神戸市では休日や夜間の校舎開放で市民による自主管理システムを構築していたため、そうした市民らが避難所の運営を主体的に行い助け合いました。

危機に対応するには、市民の「自治」能力が不可欠となります。自治能力を高めるための第一歩は、挨拶を互いに交わせる絆づくりです。東日本大震災でも阪神大震災でも、多くの被災者が隣人らに助けられました。東日本大震災では、助け合いの「絆」が流行語になりました。「困った時はお互い様」という絆こそ、災害大国・日本が生き残る唯一の道です。と同時に、自治・分権の基盤でもあります。市民自治なくして防災は不可能です。

3　平時の自治・分権が日本を救う
＝普段使っていないものは、いざという時に使えない＝

平時における普段の取り組みこそが、大災害など非常時にも役立ちます。非常時に対応するためには、日頃から、災害への備えを市民自らが考えることが必要ですし、市民同士の支え合いについても普段から地域で考えることが大切です。平時の取り組みがないのに、非常時になったからといって急に対応できるわけがありません。政治構造も平時から、官治・集権システムを改め、自治・分権システムにしておく必要があります。

◇問題は国の指導力不足ではない

大災害に遭うと、「国はもっと指導力を発揮してほしい」あるいは「国は現場の声に耳を傾けて復興を支援してほしい」などという国への注文がよく出ます。

しごくもっともな注文のように映りますが、よくよく考えるとおかしなことです。これまでの大災害被災地の現場をみると、国の指導力不足が復興を遅らせているというよりも、権限と財源を握る国が出しゃばりすぎて、被災現場の意向が実現できないことが問題だと痛感します。
日本の政治構造は「国が現場の声を吸い上げて、復興のための政策・制度を国がつくる」という官治・集権システムで動いており、現場の思いが実現できません。本来ならば、国が現場の声を聞かなくても、現場の声に基づいて現場自治体が自ら主体的に復興政策を展開できる仕組みこそが必要なはずです。そうなっていないから、「現場の声に耳を傾けて」などという、国への注文が被災地から出されるのです。

第1章で紹介したように、被災自治体首長は一様に「現場に権限を」と訴えています。中には、せめて非常時には権限を現場に降ろすべきだと主張する人もいます。さらに、大震災の被災地からは「前例のない災害という非常時なのに、平時の仕組みで国は対応している。非常時には特別な対応をすべきだ」などという意見も噴出しています。

でも、非常時に限って特別な対応を求めるのは無理だと思います。平時にしていないことを非常時に実現できるわけがありません。非常時だから普段と違う政治構造で運用されるべきだ、というのは、実際には実現不可能です。普段は、全国画一・時代錯誤・省庁縦割りという国主導の官治・集権システムで政治・行政が運営されているのに、非常時になったからといって、縦割りを是正した被災地本意で迅速な政治・行政が展開できると考えるのは幻想です。

東日本大震災では、復興庁が発足しました。他省庁を統括するような、復興事業の窓口一元化（ワンストップ）を期待したのに、その役目が果たせていないと、しばしば批判されます。しかし、普段は各省庁の縦割り行政が展開されているのに、復興庁ができたからといって急に、平時の縦割りが改善されると考える方が間違いでしょう。

震災復興の仕組みを問うことは、平時の政治構造（官治・集権システム）を問うことでもあります。復興を加速させるには、国から自治体に権限・財源を大胆に渡すことが必要ですが、非常時になって急にそれを実行することは不可能です。そうではなくて、非常時にも対応できる政治構造を平時に構築しておくべきです。そうしないと使えません。国主導の官治・集権システムから、現場起点の自治・分権システムへ、平時から仕組みを変えておくことが重要です。

◇平時が大事

「普段使っていないものは非常時には使えない」――。こう述べたのは、阪神大震災で災害対応を行った神戸市広報課長（当時）の桜井誠一氏でした。この言葉は、危機管理全般に有効な教訓だと思います。その意味は「普段やっていないことはいざというときできない」「非常時にだけ使うことを想定して普段使わないモノや仕組みは、非常時には役立たないことが多い」ということです。要するに、「日頃から準備を怠るな」「非常時に使うものは、普段から使うようにしておくべきだ」という教訓です。

例えば、阪神大震災当時、ほとんどの人が知らなかったインターネットを使って、神戸市は被災状況などを情報発信しました。神戸市が、インターネットを活用できたのも、以前から使っていたからでした。阪神大震災に遭遇してから急に、インターネットを使い始めることは不可能です。緊急用の通信機器を用意していても、いざ災害時になると、普段使わないので使い方がよく分からなかったり、電池切れなどで使えなかったりすることがよくあります。普段から使っているものを緊急時にも使うようにする方が安全なのです。その点、電話会社が用意している災害伝言ダイヤルは、いざという時には機能しないのではないか、と心配になります。災害伝言ダイヤルは普段使わないので、使い方を知っている人はほとんどいません。大災害時にはあまり役に立たないのではないのでしょうか。

阪神大震災では、神戸市内の自主防災組織がほとんど機能しませんでした。非常時のみを想定した形式的な組織だったからです。その反省から神戸市は、非常時における防災に関する住民組織と、平時における福祉に関する住民組織とを連携された「防災・福祉コミュニティー」を各地域に構築しました。平時にも機能している住民組織でないと、非常時には役立たないと考えたからです。（ただし、同コミュニティーも、住民からわき上がった取り組みではないため、画期的な成果を残しているとはいえません）

◇「わが街」の自治

この教訓は街づくりにも当てはまります。平時における市民の街づくり活動は、災害時にも機能します。

阪神大震災では、街づくり活動や地域福祉活動を普段から活発に行っていた地域で、初期消火、救援、被災者の生活支援などに素晴らしい対応がなされました。例えば、老朽木造住宅が密集する住宅・工場混在の真野地区（神戸市長田区）です。１９６０年代の公害反対運動が、緑化推進運動、入浴サービスや給食サービスなどの地域福祉活動、まちづくり運動へと発展。８０年に自治会や婦人会などがまちづくり推進会を結成し、地域住民間のきずなが生まれました。その結果、震災直後は、住民がバケツリレーを行うとともに、まちづくり推進会に参加していた地元企業が企業内の防火水槽やホースなどを素早く提供し、地域ぐるみで消火。大火災となった長田区にあって被害拡大を防ぎました。被災後も、まちづくり推進会の中に復興本部を設け、物資の配給や炊き出し、情報伝達、避難所の運営、被災家屋の解体相談などに当たりました。小学校に設けられた避難所の運営に力を発揮した地区はほかにもありましたが、真野地区では、避難所以外の、自宅に残っている被災者も同様に救済しました。また、これまでのまちづくりの活動で知り合った全国の学者や市民運動家らから受けたボランティア活動や物資の支援も、同本部がうまく調整しました。いわば、地区全体が自治運営されていたわけです。

市民が普段から自らの街の将来像・理想像を考えていないことが、日本の危機管理の最大の問題点なのかもしれません。平時の市民参加がないのです。

災害大国・日本に住みながら、ほとんどの市民は、自らの街の危険性（例えば、がけ崩れ、浸水、洪水、液状化などの危険性）を驚くほど知りません。どこか他人事です。街づくりも自ら行おうとせず、わが街のことを市民同士でほとんど議論しません。

一方、行政も街の情報を十分に公開しませんし、市民が街をつくるという発想が希薄です。街をつくるのは行政だ、と勘違いしている自治体幹部さえいます。市民が自らの街について考える仕組みを平時に設定することが行政の役割であり責任です。市民主体の街づくりに取り組んでいないと、大災害に遭遇した場合、被災者の不満が行政に集中し、行政は途方に暮れてしまいます。

とりわけ日本の大都市が災害に脆くなっているのは、市民不在の街づくりのせいだと思います。無秩序な都市計画や規制緩和が進められる結果、高層ビルが林立し、迷路のような大規模地下街が水没危険地域にも整備されています。しかも空き地ができると、再開発と称してビルを建ててしまいます。防災にとって重要な公園や緑地には決してなりません。目先の経済性ばかりを重視して、都市の品格、市民的価値（景観・心地よさ）、安全性を無視しているように映ります。

宮城県岩沼市では、集団移転に難航する被災地が多い中、東日本大震災の津波被害にあった沿岸6地区を内陸に集団移転する事業が順調に進んでいます。大規模造成を伴う集団移転としては被災地で初めて住民に宅地の引き渡しを行うなど、復興のトップランナーと言われています。住民の代表者らが集まり、移転先をどんな街にするか話し合ったため、結果的に、住民合意がスムーズに進んだのです。

阪神大震災でも東日本大震災でも、被災自治体が通常とる方法は、行政主導で行政が考えた案を住民に提示して同意を求める手法です。住民が反発しても、行政は自身の案に固執し事業を進めます。行政案はすぐに提案できるので、事業の開始は非常に早いのですが、住民の反発が強ければ強いほど、逆に事業の完成は遅れます。宮城県名取市では、市が主導して早くから復興案を提示したものの、住民の意向と対立し、難航しています。岩沼市のケースを見ていると、市民主体の街づくりの重要性が理解できます。

◇自助・共助は平時の市民自治から

国や自治体はもちろん、日本の防災関係者は、防災における「自助」「共助」の重要性を盛んに強調します。そのために、市民ぐるみの防災訓練などを進めています。しかし、平時から「自助」「共助」が成立しうる政治構造を構築することこそが必要である、つまり普段の市民自治を基本とする自治・分権システムこそが必要である、という理解が不十分です。市民自治を基本にしないと、「自助」「共助」の力を社会全体で確立できません。

「自助」「共助」は、非常時における防災の問題ではなく、平時における市民自治と民主政治の問題です。

災害時にだけ人々が突如、主体的に活動し始め、「自助」「共助」を発揮することはあり得ません。普段から、「自助」「共助」を発揮する仕組みが必要です。「行政が何とかしてくれるだろう」という行政依存の人ばかりでは、非常時の危機対応は不可能です。普段から支え合いの絆を持つ人々は非常時にも支え合いますが、非常時になったからといって急に支え合いを求めても機能しません。市民が主体的に活動し、市民同士の支え合いの精神を育むことは、防災だけでなく、普段の街づくりを進める上でも不可欠なことです。

ところが、自治体の中には、市民が主体的に活動することを嫌がる所が多々あります。特に、行政に批判的な市民活動を認めたがりません。信じられないことですが、▽普段は市民参加に批判的ないし消極的でありながら防災での「自助」「共助」を唱える、▽普段から市民主体の街づくりをしていないにもかかわらず、災害時になって急に「自助」「共助」を平気で求める――という自治体さえあります。「自助」「共助」を唱えてさえいれば防災だと勘違いしているのです。自らの行政情報を隠し、行政への市民参加を拒むような自治体では、「自助」「共助」は不可能です。

防災で「自助」「共助」を発揮するためには、普段の街づくりから市民が主体的に参加することが欠かせません。阪神大震災で神戸市真野地区が高く評価されましたが、同地区は普段から地元住民と企業などが連携して街づくりを行っていました。普段の活動が災害時にも反映されたのです。こういう市民自治の視点が日本の防災には必要不可欠です。

おわりに

国主導の官治・集権システムという現行の政治・行政の仕組みでは、巨大災害に対応できない——。このことに少しでも多くの人が気付いてほしいというのが私の願いです。

東日本大震災では、復興増税によって、震災後5年の集中復興期間に25兆円という巨額の復興予算が確保されました。規模だけを見れば復興に十分な金額のように感じます。しかし、これまで見てきたように、問題は「現場が自由に使えないカネ」であることです。何をするのも国に「お伺い」をたてないと被災現場は何もできません。国主導で運用されているため、現場本位になっておらず、無駄や矛盾だらけです。現場で有効に使われておらず、膨大な復興予算を投入しながら、被災地では復興しているという実感が生まれません。

今の仕組みでは、「国に手足を縛られたままの復興」を被災地は強いられます。国に束縛されているので、被災地は「国の柔軟対応」を期待する以外に、復興を進める手立てが見つかりません。権限と財源を握っている国に対して、被災地は「もっと柔軟に対応してほしい」と切望するしかありません。

これまでの大災害の復興を見ていると、いつも思います。「被災地の現場の力・自治の力が試されている」と。そして「現場の自治の力を発揮できるような政治・行政の仕組みへ改革することが必要だ」と。日本では、首都直下地震や南海トラフ巨大地震など、東日本大震災をはるかに上回る深刻な巨大災害の発生が迫っています。それに立ち向かうためには、被災現場が主体となる新たな政治・行政の仕組みづくりが急務となっています。そうしないと、日本に未来はないでしょう。

最後になりましたが、出版の配慮をいただいた公人の友社の武内英晴社長に心から感謝します。

２０１４年４月

神谷秀之

【著者紹介】

神谷　秀之（かみや・ひでゆき）

ジャーナリスト（時事通信社名古屋支社編集委員）。国の省庁や自治体で行政取材を主に担当。阪神大震災では、当初は防災担当の国土庁（当時）で、次いで神戸市などの被災自治体で取材に当たった。

〔主な著書〕

「自治体連携と受援力」（共著、公人の友社）

「現場からの警告　阪神・淡路大震災 10 年」（神戸新聞総合出版センター）

「市民自治の思想　地域現場からの出発」（時事通信オンデマンドブックレット）

「自治キーワード考　分権を言葉から探る」（同）

「地方分権が必要な２３の理由　ニッポン沈没を防ぐために」（同）

自治体〈危機〉叢書

震災復旧・復興と「国の壁」

2014 年 6 月 5 日　初版第 1 刷発行

著　者　　神谷　秀之

発行者　　武内　英晴

発行所　　公人の友社

ＴＥＬ 03-3811-5701

ＦＡＸ 03-3811-5795

Ｅメール info@koujinnotomo.com

http://koujinnotomo.com/

ISBN 978-4-87555-645-9

自治体〈危機〉叢書

2000年分権改革と自治体危機

松下 圭一

定価（本体 1,500 円＋税）

自民党政権復帰による〈官僚内閣制〉への逆行・回帰という《自治体改革》の新しい危機をめぐって、本書は、日本の《自治体改革》の基本軸となる「二〇〇〇年分権改革」の意義と課題、さらに自治体改革の今日的すすめ方について、その再確認をめざす。

自治体財政破綻の危機・管理

加藤 良重

定価（本体 1,400 円＋税）

国・自治体をあわせた借金総額が1000兆円を超え、世界最悪。2009年には期待された政権交代もあったが、中央官僚の抵抗にあって、自治・分権の行く手に暗雲がかかったままである。今こそ、自治体は、行政・財政の自己改革を徹底しなければならない。

自治体連携と受援力

～もう国に依存できない

神谷 秀之・桜井 誠一

定価（本体 1,600 円＋税）

東日本大震災は、自治体間の相互支援・国に頼らずに自治体が自発的に行動する新たな政治・行政の姿を映し出した。自立した個々の自治体が「受援力」を身につけ「支援力」を磨くとは?。

政策転換への新シナリオ

小口 進一

定価（本体 1,500 円＋税）

日本の人口減少は、今後の自治体運営に大きな影響を及ぼし、既成自治体政策の総合的見直しや改革、さらには地域社会の未来を展望した新たな政策づくりを必要としてくる。本書は、自治体政策の大胆な組み替えと削減案を提起する。

「官治・集権」から
「自治・分権」へ

市民・自治体職員・研究者のための

自治・分権テキスト

《出版図書目録 2014.6》

〒120-0002　東京都文京区小石川 5-26-8
TEL　03-3811-5701
FAX　03-3811-5795
mail　info@koujinnotomo.com

公人の友社

●ご注文はお近くの書店へ
　小社の本は、書店で取り寄せることができます。
●＊印は〈残部僅少〉です。品切れの場合はご容赦ください。
●直接注文の場合は
　電話・FAX・メールでお申し込み下さい。

TEL　03-3811-5701
FAX　03-3811-5795
mail　info@koujinnotomo.com

（送料は実費、価格は本体価格）

【地方自治ジャーナルブックレット】

No.1
水戸芸術館の実験
森啓　1,166円（品切れ）

No.2
政策課題研究研修マニュアル
首都圏政策研究・研修研究会
1,359円（品切れ）

No.3
使い捨ての熱帯雨林
熱帯雨林保護法律家リーグ
971円（品切れ）

No.4
自治体職員世直し志士論
童門冬二・村瀬誠　971円＊

No.5
行政と企業は文化支援で何ができるか
日本文化行政研究会　1,166円
（品切れ）

No.6
まちづくりの主人公は誰だ
浦野秀一　1,165円（品切れ）

No.7
パブリックアート入門
竹田直樹　1,166円（品切れ）

No.8
市民的公共性と自治
今井照　1,166円（品切れ）

No.9
ボランティアを始める前に
佐野章二　777円

No.10
自治体職員の能力
自治体職員能力研究会　971円

No.11
パブリックアートは幸せか
山岡義典　1,166円＊

No.12
市民が担う自治体公務
パートタイム公務員論研究会
1,359円

No.13
行政改革を考える
山梨学院大学行政研究センター
1,166円（品切れ）

No.14
上流文化圏からの挑戦
山梨学院大学行政研究センター
1,166円

No.15
市民自治と直接民主制
高寄昇三　951円

No.16
議会と議員立法
上田章・五十嵐敬喜 1,600円＊

No.17
分権段階の自治体と政策法務
山梨学院大学行政研究センター
1,456円

No.18
地方分権と補助金改革
高寄昇三　1,200円

No.19
分権化時代の広域行政
山梨学院大学行政研究センター
1,200円

No.20
あなたの町の学級編成と地方分権
田嶋義介　1,200円

No.21
自治体も倒産する
加藤良重　1,000円（品切れ）

No.22
ボランティア活動の進展と自治体の役割
山梨学院大学行政研究センター
1,200円

No.23
新版2時間で学べる「介護保険」
加藤良重　800円

No.24
男女平等社会の実現と自治体の役割
山梨学院大学行政研究センター
1,200円

No.25
市民がつくる東京の環境・公害条例
市民案をつくる会　1,000円

No.26
東京都の「外形標準課税」はなぜ正当なのか
青木宗明・神田誠司　1,000円

No.27
少子高齢化社会における福祉のあり方
山梨学院大学行政研究センター
1,200円

No.28
財政再建団体
橋本行史　1,000円（品切れ）

No.29
交付税の解体と再編成
高寄昇三　1,000円

No.30
町村議会の活性化
山梨学院大学行政研究センター
1,200円

No.31
地方分権と法定外税
外川伸一　800円

No.32
東京都銀行税判決と課税自主権
高寄昇三　1,200円

No.33
都市型社会と防衛論争
松下圭一　900円

No.34
中心市街地の活性化に向けて
山梨学院大学行政研究センター
1,200円

No.35
自治体企業会計導入の戦略
高寄昇三　1,100円

No.36
行政基本条例の理論と実際
神原勝・佐藤克廣・辻道雅宣
1,100円

No.37
市民文化と自治体文化戦略
松下圭一　800円

No.38
まちづくりの新たな潮流
山梨学院大学行政研究センター
1,200円

No.39
ディスカッション三重の改革
中村征之・大森弥　1,200円

No.40
政務調査費
宮沢昭夫　1,200円（品切れ）

No.41
市民自治の制度開発の課題
山梨学院大学行政研究センター
1,200円

No.42
《改訂版》自治体破たん・「夕張ショック」の本質
橋本行史　1,200円＊

No.43
分権改革と政治改革
西尾勝　1,200円

No.44
自治体人材育成の着眼点
浦野秀一・井澤壽美子・野田邦弘・西村浩・三関浩司・杉谷戸知也・坂口正治・田中富雄　1,200円

No.45
シンポジウム障害と人権
橋本宏子・森田明・湯浅和恵・池原毅和・青木九馬・澤静子・佐々木久美子
1,400円

No.46
地方財政健全化法で財政破綻は阻止できるか
高寄昇三　1,200円

No.47
地方政府と政策法務
加藤良重　1,200円

No.48
政策財務と地方政府
加藤良重　1,400円

No.49
政令指定都市がめざすもの
高寄昇三　1,400円

No.50
良心的裁判員拒否と責任ある参加
市民社会の中の裁判員制度
大城　聡　1,000円

No.51
討議する議会
自治体議会学の構築をめざして
江藤俊昭　1,200円

No.52
【増補版】大阪都構想と橋下政治の検証
府県集権主義への批判
高寄昇三　1,200円

No.53
虚構・大阪都構想への反論
橋下ポピュリズムと都市主権の対決
高寄昇三　1,200円

No.54
大阪市存続・大阪都粉砕の戦略
地方政治とポピュリズム
高寄昇三　1,200円

No.55
「大阪都構想」を越えて
問われる日本の民主主義と地方自治
(社) 大阪自治体問題研究所　1,200円

No.56
翼賛議会型政治・地方民主主義への脅威
地域政党と地方マニフェスト
高寄昇三　1,200円

No.57
なぜ自治体職員にきびしい法遵守が求められるのか
加藤良重　1,200円

No.58
東京都区制度の歴史と課題
都区制度問題の考え方
著：栗原利美、編：米倉克良
1,400円

No.59
七ヶ浜町（宮城県）で考える
「震災復興計画」と住民自治
編著：自治体学会東北YP
1,400円

No.60
市民が取り組んだ条例づくり
市長・職員・市議会とともにつくった所沢市自治基本条例
編著：所沢市自治基本条例を育てる会
1,400円

No.61
いま、なぜ大阪市の消滅なのか
「大都市地域特別区法」の成立と今後の課題
編著：大阪自治を考える会　800円

No.62
地方公務員給与は高いのか
非正規職員の正規化をめざして
著：高寄昇三・山本正憲　1,200円

No.63
大阪市廃止・特別区設置の制度設計案を批判する
いま、なぜ大阪市の消滅なのかPart2
編著：大阪自治を考える会　900円

No.64
自治体学とはどのような学か
森　啓　1,200円

［地域ガバナンスシステム・シリーズ］
（龍谷大学地域人材・公共政策開発システム・オープン・リサーチセンター（LORC）
…企画・編集）

No.1
地域人材を育てる自治体研修改革
土山希美枝　900円

No.2
公共政策教育と認証評価システム
坂本勝　1,100円

No.3
暮らしに根ざした心地よいまち
1,100円

No.4
持続可能な都市自治体づくりのためのガイドブック
1,100円

No.5
英国における地域戦略パートナーシップ
編：白石克孝、監訳：的場信敬
900円

No.6
マーケットと地域をつなぐパートナーシップ
編：白石克孝、著：園田正彦
1,000円

No.7
政府・地方自治体と市民社会の戦略的連携
的場信敬　1,000円

No.8
多治見モデル
編著：大矢野修　1,400円

No.9
市民と自治体の協働研修ハンドブック
土山希美枝　1,600円

No.10
行政学修士教育と人材育成
坂本勝　1,100円

No.11
アメリカ公共政策大学院の認証評価システムと評価基準
早田幸政　1,200円

No.12
イギリスの資格履修制度
資格を通しての公共人材育成
小山善彦　1,000円

No.14
炭を使った農業と地域社会の再生
市民が参加する地球温暖化対策
井上芳恵　1,400円

No.15
対話と議論で〈つなぎ・ひきだす〉ファシリテート能力育成ハンドブック
土山希美枝・村田和代・深尾昌峰
1,200円

No.16
「質問力」からはじめる自治体議会改革
土山希美枝　1,100円

No.17
東アジア中山間地域の内発的発展
日本・韓国・台湾の現場から
清水万由子・尹誠國・谷垣岳人・大矢野修
1,200円

No.18
カーボンマイナスソサエティ
クルベジでつながる、環境、農業、地域社会
編著：定松功　予価1,400円

【福島大学ブックレット「21世紀の市民講座」】

No.1
外国人労働者と地域社会の未来
著：桑原靖夫・香川孝三、
編：坂本惠　900円

No.2
自治体政策研究ノート
今井照　900円

No.3
住民による「まちづくり」の作法
今西一男　1,000円

No.4
格差・貧困社会における市民の権利擁護
金子勝　900円

No.5
法学の考え方・学び方
イェーリングにおける「秤」と「剣」
富田哲　900円

No.6
今なぜ権利擁護か
ネットワークの重要性
高野範城・新村繁文　1,000円

No.7
小規模自治体の可能性を探る
保母武彦・菅野典雄・佐藤力・竹内是俊・松野光伸　1,000円

No.8
小規模自治体の生きる道
連合自治の構築をめざして
神原勝　900円

No.9
文化資産としての美術館利用
地域の教育・文化的生活に資する方法研究と実践
辻みどり・田村奈保子・真歩仁しょうん　900円

No.10
フクシマで“日本国憲法〈前文〉”を読む
家族で語ろう憲法のこと
金井光生　1,000円

【地方自治土曜講座ブックレット】

No.1
現代自治の条件と課題
神原勝　800円＊

No.2
自治体の政策研究
森啓　500円＊

No.3
現代政治と地方分権
山口二郎　500円＊

No.4
行政手続と市民参加
畠山武道　500円＊

No.5
成熟型社会の地方自治像
間島正秀　500円＊

No.6
自治体法務とは何か
木佐茂男　500円＊

No.7
自治と参加
アメリカの事例から
佐藤克廣　500円＊

No.8
政策開発の現場から
小林勝彦・大石和也・川村喜芳
800円＊

No.9
まちづくり・国づくり
五十嵐広三・西尾六七　500円＊

No.10
自治体デモクラシーと政策形成
山口二郎　500円＊

No.11
自治体理論とは何か
森啓　500円＊

No.12
池田サマーセミナーから
間島正秀・福士明・田口晃　500円＊

No.13
憲法と地方自治
中村睦男・佐藤克廣　500円
（品切れ）

No.14
まちづくりの現場から
斉藤外一・宮嶋望　500円＊

No.15
環境問題と当事者
畠山武道・相内俊一　500円＊

No.16
情報化時代とまちづくり
千葉純・笹谷幸一　600円（品切れ）

No.17
市民自治の制度開発
神原勝　500円＊

No.18
行政の文化化
森啓　600円＊

No.19
政策法務と条例
阿部泰隆　600円＊

No.20
政策法務と自治体
岡田行雄　600円（品切れ）

No.21
分権時代の自治体経営
北良治・佐藤克廣・大久保尚孝　600円＊

No.22
地方分権推進委員会勧告とこれからの地方自治
西尾勝　500円＊

No.23
産業廃棄物と法
畠山武道　600円＊

No.24
自治体計画の理論と手法
神原　勝　600円（品切れ）

No.25
自治体の施策原価と事業別予算
小口進一　600円＊

No.26
地方分権と地方財政
横山純一　600円（品切れ）

No.27
比較してみる地方自治
田口晃・山口二郎　600円＊

No.28
議会改革とまちづくり
森啓　400円（品切れ）

No.29
自治体の課題とこれから
逢坂誠二　400円＊

No.30
内発的発展による地域産業の振興
保母武彦　600円（品切れ）

No.31
地域の産業をどう育てるか
金井一頼　600円＊

No.32
金融改革と地方自治体
宮脇淳　600円＊

No.33
ローカルデモクラシーの統治能力
山口二郎　400円＊

No.34
政策立案過程への戦略計画手法の導入
佐藤克廣　500円＊

No.35
「変革の時」の自治を考える
神原昭子・磯田憲一・大和田健太郎　600円＊

No.36
地方自治のシステム改革
辻山幸宣　400円（品切れ）

No.37
分権時代の政策法務
礒崎初仁　600円＊

No.38
地方分権と法解釈の自治
兼子仁　400円＊

No.39
「近代」の構造転換と新しい「市民社会」への展望
今井弘道　500円＊

No.40
自治基本条例への展望
辻道雅宣　400円＊

No.41
少子高齢社会の自治体の福祉法務
加藤良重　400円＊

No.42
改革の主体は現場にあり
山田孝夫　900円

No.43
自治と分権の政治学
鳴海正泰　1,100円

No.44
公共政策と住民参加
宮本憲一　1,100円＊

No.45
農業を基軸としたまちづくり
小林康雄　800円

No.46
これからの北海道農業とまちづくり
篠田久雄　800円

No.47
自治の中に自治を求めて
佐藤守　1,000円

No.48
介護保険は何をかえるのか
池田省三　1,100円

No.49
介護保険と広域連合
大西幸雄　1,000円

No.50
自治体職員の政策水準
森啓　1,100円

No.51
分権型社会と条例づくり
篠原一　1,000円

No.52
自治体における政策評価の課題
佐藤克廣　1,000円

No.53
小さな町の議員と自治体
室埼正之　900円

No.55
改正地方自治法とアカウンタビリティ
鈴木庸夫　1,200円

No.56
財政運営と公会計制度
宮脇淳　1,100円

No.57
自治体職員の意識改革を如何にして進めるか
林嘉男　1,000円

No.59
環境自治体とISO
畠山武道　700円

No.60
転型期自治体の発想と手法
松下圭一　900円

No.61
分権の可能性
スコットランドと北海道
山口二郎　600円

No.62
機能重視型政策の分析過程と財務情報
宮脇淳 800円

No.63
自治体の広域連携
佐藤克廣 900円

No.64
分権時代における地域経営
見野全 700円

No.65
町村合併は住民自治の区域の変更である
森啓 800円

No.66
自治体学のすすめ
田村明 900円

No.67
市民・行政・議会のパートナシップを目指して
松山哲男 700円

No.69
新地方自治法と自治体の自立
井川博 900円

No.70
分権型社会の地方財政
神野直彦 1,000円

No.71
自然と共生した町づくり
宮崎県・綾町
森山喜代香 700円

No.72
情報共有と自治体改革
片山健也 1,000円

No.73
地域民主主義の活性化と自治体改革
山口二郎 900円

No.74
分権は市民への権限委譲
上原公子 1,000円

No.75
今、なぜ合併か
瀬戸亀男 800円

No.76
市町村合併をめぐる状況分析
小西砂千夫 800円

No.78
ポスト公共事業社会と自治体政策
五十嵐敬喜 800円

No.80
自治体人事政策の改革
森啓 800円

No.82
地域通貨と地域自治
西部忠 900円（品切れ）

No.83
北海道経済の戦略と戦術
宮脇淳 800円

No.84
地域おこしを考える視点
矢作弘 700円

No.87
北海道行政基本条例論
神原勝 1,100円

No.90
「協働」の思想と体制
森啓 800円＊

No.91
協働のまちづくり
三鷹市の様々な取組みから
秋元政三 700円＊

No.92
シビル・ミニマム再考
松下圭一 900円

No.93
市町村合併の財政論
高木健二 800円＊

No.95
市町村行政改革の方向性
佐藤克廣 800円

No.96
創造都市と日本社会の再生
佐々木雅幸 900円

No.97
地方政治の活性化と地域政策
山口二郎 800円

No.98
多治見市の総合計画に基づく政策実行
西寺雅也 800円

No.99
自治体の政策形成力
森啓 700円

No.100
自治体再構築の市民戦略
松下圭一 900円

No.101
維持可能な社会と自治体
宮本憲一 900円

No.102
道州制の論点と北海道
佐藤克廣 1,000円

No.103
自治基本条例の理論と方法
神原勝 1,100円

No.104
働き方で地域を変える
山田眞知子 800円（品切れ）

No.107
公共をめぐる攻防
樽見弘紀 600円

No.108
三位一体改革と自治体財政
岡本全勝・山本邦彦・北良治・逢坂誠二・川村喜芳 1,000円

No.109
連合自治の可能性を求めて
松岡市郎・堀則文・三本英司・佐藤克廣・砂川敏文・北良治他 1,000円

No.110
「市町村合併」の次は「道州制」か
森啓 900円

No.111
コミュニティビジネスと建設帰農
松本懿・佐藤吉彦・橋場利夫・山北博明・飯野政一・神原勝 1,000円

No.112
「小さな政府」論とはなにか
牧野富夫 700円

No.113
栗山町発・議会基本条例
橋場利勝・神原勝 1,200円

No.114
北海道の先進事例に学ぶ
宮谷内留雄・安斎保・見野全・佐藤克廣・神原勝 1,000円

No.115
地方分権改革の道筋
西尾勝　1,200円

No.116
転換期における日本社会の可能性～維持可能な内発的発展
宮本憲一　1,100円

［TAJIMI CITY ブックレット］

No.2
転型期の自治体計画づくり
松下圭一　1,000円

No.3
これからの行政活動と財政
西尾勝　1,000円（品切れ）

No.4
構造改革時代の手続的公正と第二次分権改革
鈴木庸夫　1,000円

No.5
自治基本条例はなぜ必要か
辻山幸宣　1,000円

No.6
自治のかたち、法務のすがた
天野巡一　1,100円

No.7
自治体再構築における行政組織と職員の将来像
今井照　1,100円（品切れ）

No.8
持続可能な地域社会のデザイン
植田和弘　1,000円

No.9
「政策財務」の考え方
加藤良重　1,000円

No.10
市場化テストをいかに導入するべきか
竹下譲　1,000円

No.11
市場と向き合う自治体
小西砂千夫・稲澤克祐 1,000円

［北海道自治研ブックレット］

No.1
市民・自治体・政治
再論・人間型としての市民
松下圭一　1,200円

No.2
議会基本条例の展開
その後の栗山町議会を検証する
橋場利勝・中尾修・神原勝
1,200円

No.3
福島町の議会改革
議会基本条例＝開かれた議会づくりの集大成
溝部幸基・石堂一志・中尾修・神原勝
1,200円

［生存科学シリーズ］

No.2
再生可能エネルギーで地域がかがやく
秋澤淳・長坂研・小林久 1,100円

No.3
小水力発電を地域の力で
小林久・戸川裕昭・堀尾正靭
1,200円＊

No.4
地域の生存と社会的企業
柏雅之・白石克孝・重藤さわ子
1,200円

No.5
地域の生存と農業知財
澁澤栄・福井隆・正林真之
1,000円

No.6
風の人・土の人
千賀裕太郎・白石克孝・柏雅之・福井隆・飯島博・曽根原久司・関原剛
1,400円

No.7
地域からエネルギーを引き出せ！　PEGASUS ハンドブック（環境エネルギー設計ツール）
監修：堀尾正靭・白石克孝、著：重藤さわ子・定松功・土山希美枝
1,400円

No.8
地域分散エネルギーと「地域主体」の形成
風・水・光エネルギー時代の主役を作る－
編：小林久・堀尾正靭、著：独立行政法人科学技術振興機構 社会技術研究開発センター「地域に根ざした脱温暖化・環境共生社会」研究開発領域 地域分散電源等導入タスクフォース
1,400円

No.9
省エネルギーを話し合う実践プラン46
エネルギーを使う・創る・選ぶ
編著：中村洋・安達昇
編者著：独立行政法人科学技術振興機構 社会技術研究開発センター「地域に根ざした脱温暖化・環境共生社会」研究開発領域
1,500円

No.10
お買い物で社会を変える！
編著：永田潤子
監修：独立行政法人科学技術振興機構 社会技術研究開発センター「地域に根ざした脱温暖化・環境共生社会」研究開発領域
800円

No.11
地域が元気になる脱温暖化社会を
「高炭素金縛り」を解く「共・進化」の社会技術開発
編著：堀尾正靭・重藤さわ子
監修：独立行政法人科学技術振興機構 社会技術研究開発センター「地域に根ざした脱温暖化・環境共生社会」研究開発領域
800円

［都市政策フォーラムブックレット］

No.1
「新しい公共」と新たな支え合いの創造へ
渡辺幸子・首都大学東京　都市教養学部都市政策コース 900円
（品切れ）

No.2
景観形成とまちづくり
首都大学東京　都市教養学部都市政策コース　1,000円

No.3
都市の活性化とまちづくり
首都大学東京　都市教養学部都市政策コース　1,100円

［京都府立大学 京都政策研究センターブックレット］

No.1
地域貢献としての「大学発シンクタンク」
京都政策研究センター（KPI）の挑戦
編著 青山公三・小沢修司・杉岡秀紀・藤沢実
1,000円

No.2
もうひとつの「自治体行革」
住民満足度向上へつなげる
編著 青山公三・小沢修司・杉岡秀紀・藤沢実
1,000円

［朝日カルチャーセンター 地方自治講座ブックレット］

No.1
自治体経営と政策評価
山本清　1,000円

No.2
ガバメント・ガバナンスと行政評価
星野芳昭　1,000円（品切れ）

No.4
「政策法務」は地方自治の柱づくり
辻山幸宣　1,000円

No.5
政策法務がゆく
北村善宣　1,000円

［政策・法務基礎シリーズ］

No.1
自治立法の基礎
東京都市町村職員研修所　600円（品切れ）

No.2
政策法務の基礎
東京都市町村職員研修所　952円

［単行本］

フィンランドを世界一に導いた100の社会改革
編著　イルカ・タイパレ
訳　山田眞知子　2,800円

公共経営学入門
編著　ボーベル・ラフラー
訳　みえガバナンス研究会
監修　稲澤克祐、紀平美智子
2,500円

変えよう地方議会
～3・11後の自治に向けて
編著　河北新報社編集局
2,000円

自治体職員研修の法構造
田中孝男　2,800円

自治基本条例は活きているか?!
～ニセコ町まちづくり基本条例の10年
編　木佐茂男・片山健也・名塚昭
2,000円

国立景観訴訟
～自治が裁かれる
編著　五十嵐敬喜・上原公子　2,800円

成熟と洗練
～日本再構築ノート
松下圭一　2,500円

地方自治制度「再編論議」の深層
監修　木佐茂男
著　青山彰久・国分高史一　1,500円

韓国における地方分権改革の分析～弱い大統領と地域主義の政治経済学
尹誠國　1,400円

自治体国際政策論
～自治体国際事務の理論と実践
楠本利夫　1,400円

自治体職員の「専門性」概念
～可視化による能力開発への展開
林奈生子　3,500円

アニメの像VS.アートプロジェクト～まちとアートの関係史
竹田直樹　1,600円

NPOと行政の《協働》活動における「成果要因」
～成果へのプロセスをいかにマネジメントするか
矢代隆嗣　3,500円

原発再稼働と自治体の選択
原発立地交付金の解剖
高寄昇三　2,200円

「二権分立論」の虚妄性
国会は〈国権の最高機関〉である
西尾孝司　2,200円